S0-GQE-643

PARÁBOLAS DE SABIDURÍA

Rabí Israel Meir Hakohen
Jafetz Jaim

PARÁBOLAS DE SABIDURÍA

VOLUMEN I

EDICIONES OBELISCO
Colección Alef

Si este libro le ha interesado y desea que le mantengamos informado
de nuestras publicaciones escríbanos indicándonos qué temas
son de su interés y gustosamente le complaceremos.
Puede consultar nuestro catálogo en http://www.edicionesobelisco.com

Colección Alef
PARÁBOLAS DE SABIDURÍA (I)
Jafetz Jaim-Rabí Israel Meir Hakohen
Beis Yechiel

1ª edición: mayo de 2002

Título original: *Eftejá vemashal pi*

Traducción: *Alef-Jojmá*
Supervisión general: *Daniel ben Itzjak*
Maquetación: *Marta Rovira*
Diseño de portada: *Stephanie & Ruti Dessign*

©2002 by Beis Yechiel
©2002 Ediciones Obelisco, S.L.,
(Reservados los derechos para la presente edición)
Pere IV, 78 (Edif. Pedro IV) 4.ª planta 5.º 08005 Barcelona - España
Tel. 93 309 85 25 - Fax 93 309 85 23
Castillo, 540 - 1414 Buenos Aires (Argentina)
Tel. y Fax 541 14 771 43 82
E-mail: obelisco@airtel.net

ISBN: 84-7720-944-8
Depósito legal: B-17.184-2002

Printed in Spain

Impreso en España en los talleres de Romanyà/Valls S.A.
Verdaguer, l. 08786 Capellades (Barcelona)

Reservados todos los derechos. Ninguna parte de esta publicación,
incluido el diseño de la cubierta, puede ser reproducida, almacenada,
transmitida o utilizada en manera alguna ni por ningún medio,
ya sea eléctrico, químico, mecánico, óptico, de grabación o electrográfico,
sin el previo consentimiento por escrito del editor.

DEDICATORIA

Cuando el Rabino Abraham Chanales llegó a Venezuela en tiempos de guerra, encontró un verdadero desierto espiritual. Sin enseñanza religiosa, ni alimentos *kosher*, ni *mikvaot*. Sin embargo, su profunda visión lo llevó a dedicar sus días y noches a educar a los niños en el camino de la Torá. Y, con la ayuda de los cielos, la semilla que puso en tierra fértil no tardó en germinar. Hoy, quien visita Caracas, no puede siquiera imaginar que este floreciente centro espiritual alguna vez estuvo carente de todo.

Este maravilloso libro del Jafetz Jaim está dedicado a la memoria del Rabino Abraham Chanales, de bendita memoria, quien a través de su profundo amor por la Torá y por Hashem logró transformar un desierto espiritual en un campo sembrado de preceptos, amor al prójimo y actos de bondad.

INTRODUCCIÓN

Los libros místicos judíos más profundos enseñan que antes de que el proceso de creación se iniciara, antes de que todo el mundo que nos rodea fuera revelado, el Creador se encontraba solo y ocupaba absolutamente todo el «espacio». Nada puede existir ante Su presencia. Y esta Luz «solitaria», el *Ein Sof*, es definido por los cabalistas como el *Or Pashut*, la Luz Simple.

Luego, El Eterno decidió crear el mundo y entonces se puso en marcha la dinámica de contracción –el famoso *tzimtzum*– y surgió un espacio vacío, redondo, rodeado por completo de Luz, para que las futuras criaturas pudieran existir. Él dijo y el mundo fue: las Diez Locuciones fueron pronunciadas, y entonces hubo luz, tierra, mares, ríos, planetas, animales y... el hombre. El silencio sagrado fue roto, y de la Palabra y el Verbo surgió un mundo complejo, compuesto de infinitos detalles.

El mundo proviene de la Simplicidad y ha de regresar a ella.

De acuerdo con fuentes cabalísticas muy antiguas, en el momento anterior a la creación, las letras del abecedario hebreo se presentaron ante El Eterno para que a través de ellas el mundo fuera creado. Cada letra presentó su argumento y, al fin, tras el diálogo misterioso entre las letras y el Creador, nuestro mundo fue creado a través de la energía de la segunda letra del abecedario, la *bet*, de valor numérico dos, lo cual sugiere el abandono de la unidad y el comienzo de la multiplicidad. Fuentes místicas destacan que, además de lo detallado en el relato bíblico, durante el segundo día –inicio de la multiplicidad– se crearon la disputa y el Infierno. El infierno es «lo otro». Sin embargo, la primera letra hebrea, la *alef*, de valor numérico uno, símbolo de la unidad y de lo Simple, fue la única letra que no participó en el diálogo ni se propuso ante el Creador como materia prima espiritual para que a través de su energía el mundo fuera creado. Por el contrario, se mantuvo en silencio. La simplicidad y el silencio. Por esta razón, y como premio a la humildad de esta «insignificante» letra simple, se decretó que con la *alef* comenzarían los Diez Mandamientos –*anoji*– los cuales representan el alma y la esencia de la creación material.

Las Diez Locuciones, a partir de las cuales se crea el mundo físico y material, sirven sólo como marco y escenario para que lo principal suceda: el cumplimiento de los Diez Mandamientos.

El hombre, cúspide de la creación, fue colocado en este escenario múltiple y complejo: el dominio y el reino de la *bet*. Su misión: trabajar duramente para recuperar la Simplicidad original, para re-descubrir la *alef*. ¡Qué arduo y complicado trabajo se requiere para alcanzar la simplicidad!

El hombre contemporáneo, tan culto y tan poco sabio a la vez, ha sido educado para despreciar la simplicidad y valorar la complejidad. Un libro demasiado simple es infantil, mientras que un tratado filosófico es digno de la máxima atención. Mientras más botones mejor, mientras más teclas y cables más perfecto aparenta ser el aparato.

El Jafetz Jaim, uno de los sabios más importantes de todos los tiempos, conocía y dominaba la sabiduría de la Torá –la revelada y también la oculta– como muy pocos hombres lo lograron a lo largo de la historia sabia de Israel. Su inmensa claridad lo llevó a escribir, entre otras cosas, una obra monumental llamada *Mishná Brurá*, libro de leyes que sirve de guía en todos los hogares judíos religiosos del mundo. En él se analizan y discuten complicadas leyes y sus diversas aplicaciones según los diversos casos y circunstancias.

No obstante, dudo que el Jafetz Jaim haya querido pasar a la historia gracias a esta complicada y maravillosa obra de leyes. Y si llegó a convertirse en guía espiritual de millones de personas durante varias generaciones fue por su inquebrantable apego a la forma más sencilla de vida, su negación a asumir cualquier puesto rabínico y a su inmensa capacidad de explicar las profundidades insondables de la Torá con una simplicidad inigualable.

El libro *Parábolas de Sabiduría* es una muestra cabal de cómo los secretos y los misterios más profundos de la Torá pueden exponerse del modo más simple y sencillo a través de parábolas, relatos y alegorías. Un mundo de personajes comunes y de reyes, viajeros y comerciantes, tesoros y ministros que aparentan conformar un paisaje como cualquier otro, pero que, gracias a la maestría del autor, y casi sin notarlo, dejan al lector boquiabierto, sorprendido y emocionado.

Y lo más importante aún: un poco más sabio.

I. INVENTARIO

1. Un día en la tesorería del rey

Uno debería gozar los días que le han sido concedidos, porque si los utiliza correctamente para estudiar la Torá y observar los preceptos, obtendrá la felicidad eterna. Se unirá a la misma fuente de la vida y se deleitará en El Eterno para siempre. Si uno reflexiona sobre esto, se verá invadido por amor a El Eterno por la vida que le ha concedido.

Cuando captamos esta idea podemos comprender el sentido del versículo: «Y circuncidará El Eterno tu corazón, y el corazón de tu descendencia, para que ames a El Eterno, vuestro Dios, con todo tu corazón y con toda tu alma, a fin de que vivas» (*Deuteronomio* 30,6). La frase «a fin de que vivas» parece estar fuera de lugar, pero si tomamos en cuenta lo que hemos enunciado anteriormente, es evidente que esa frase tiene mucho sentido.

Considerad la siguiente parábola:

Una vez un hombre salvó la vida del hijo del rey y como recompensa le fue concedido el privilegio de pasar veinticuatro horas en la tesorería del rey, recogiendo toda la plata, el oro y los preciosos cálices que deseara. Cuando llegó el gran día, él trabajó con todas sus fuerzas y logró amasar una enorme fortuna.

Desde aquel día en adelante su riqueza aumentó hasta llegar a ser el hombre más rico y famoso del mundo. Cada año ofrecía un magnífico banquete a todos los nobles del país para conmemorar el evento. Esto continuó durante varias décadas, hasta que finalmente el resto del mundo olvidó el incidente original que dio origen a su fortuna.

Un día, en el transcurso del banquete anual, planteó una pregunta a sus acaudalados invitados: «¿Qué día es a vuestro entender el más precioso para mí?»

«Seguramente éste», conjeturaron, «tomando en cuenta lo hermoso que ha sido ornamentada su mansión, las sillas cubiertas de oro y sobre la mesa hay un despliegue de manjares exquisitos. Todos los nobles del país están sentados en derredor de su mesa y usted mismo está vestido con galas dignas de un rey».

El hombre respondió: «Efectivamente, hoy estoy muy contento. Sin embargo hay un día que nunca voy a olvidar. Estaba hambriento y vestido con simples ropas de campesino, sin un solo sirviente para atenderme, y sin embargo, el éxtasis de cada momento de aquel maravilloso día fue muchísimo más intenso que el alborozo que siento en este momento».

Los invitados murmuraron asombrados a medida que su anfitrión continuaba la narración: «Me refiero al día en que se me permitió entrar en la tesorería del rey y llevarme todas las riquezas que pudiera recoger en 24 horas. No comí ni bebí durante todo el día, porque me negaba a abandonar el tesoro ni por un momento. Mi ropa era simple, nadie me servía y pese a ello mi alegría no tenía límites porque con cada momento que pasaba veía crecer mi fortuna al descubrir otro precioso cáliz o gemas de valor incalculable.»

«Así pasé las veinticuatro horas sin sentir hambre a causa de mi enorme alegría. Hoy es diferente, ya he disfrutado de mis riquezas y galas por tanto tiempo, que me he acostumbrado a ellas y no me producen tanta alegría».

El mismo principio se aplica en nuestro caso. El Eterno nos ha permitido acceso a Su tesoro más preciado: la Torá y sus preceptos, cuyo detalle más ínfimo es más valioso que todas las joyas del mundo. Mientras el hombre permanece en este mundo tiene permitido adquirir tanto de ella como desee. Por esta razón debería sentirse feliz cada día de su vida. Su corazón debería rebosar de amor intenso y firme por El Eterno, aunque su vida en este mundo esté llena de tribulaciones y sufrimiento. Después de todo tiene la oportunidad de recoger las joyas más preciosas. Como lo dice el hombre de la parábola: mientras estaba en el tesoro su incomodidad física fue obliterada por su alegría.

¿Por qué entonces no nos alegramos? El problema es que nuestros corazones son demasiado insensibles e incapaces de reconocer el verdadero valor de la Torá y los preceptos, por ende no podemos experimentar un amor verdadero por El Eterno salvo cuando Él nos bendice con prosperidad terrenal. Pero en el Mundo Venidero, cuando nuestros corazones sean circuncidados, apreciaremos el valor de la Torá. Entonces sentiremos un sincero agradecimiento por cada momento de vida que nos concedió El Eterno, tal como el hombre de la parábola apreció cada momento que permaneció en la tesorería del rey.

Este es entonces el significado del versículo: «El Eterno circuncidará tu corazón... a fin de que vivas». Lo que quiere decir que una vez que vuestro corazón ha sido circuncidado, Lo amaréis a El profundamente, sólo por habernos regalado la vida.

(SHEM OLAM, CAP. 30)

2. EXAMINANDO NUESTROS HABERES

El Talmud cuenta que el Sabio Shmuel dijo una vez acerca de
sí mismo, «Soy como el vinagre que desciende del vino en comparación con mi padre. Mi padre solía examinar sus haberes dos
veces por día, mientras que yo lo hago una sola vez» (*Julín*
105a). Como los Sabios lo indican, esta frase está relacionada a
otra en la que Shmuel dice que quien examina sus haberes cada
día encontrará dinero.

A primera vista es difícil comprender por qué Shmuel se
refiere a sí mismo como a vinagre que desciende del vino simplemente porque no revisa dos veces al día sus libros de cuentas. Es evidente que aquí hay un significado más profundo.

Cuando una persona reflexiona acerca de su estado espiritual, se da cuenta rápidamente de que está mucho más abajo de
donde debería estar. Cada uno de nosotros sabe, por ejemplo,
que sus conocimientos de la Torá son mucho menores que los
que El Eterno espera de él. ¿Cómo se defenderá el Día del
Juicio cuando deba rendir cuentas por ello? El Midrash acerca
de Proverbios nos cuenta en nombre de Rabí Ishmael que el
juicio final será sumamente estricto: «Si una persona estudiara
sólo la Torá y no estudiara la Mishná, el Santo, Bendito Sea,
volteará Su rostro y dicha persona será afligida por los tormen-
tos del Infierno-*Gehenom*».

Somos también deficientes en temor al Cielo. Nos preocupa más la pérdida de unos dólares que decir el Divino Nombre
sin la adecuada concentración. [Este es un grave pecado, respecto al cual está escrito: «cercano estás de sus bocas, pero lejos
de sus corazones» (*Jeremías* 12:2)].

Más aún ¿cuánto tiempo que podíamos haber aprovechado
para estudiar la Torá hemos dilapidado? Al respecto los Sabios
mencionan el versículo «menospreció su mandamiento»
(*Números* 15:31).

Esta situación se da porque hemos permitido que las vanidades mundanales se apropien de nuestros corazones. Somos como un paciente cuya enfermedad está tan avanzada que ya ni es consciente de estar enfermo. Cuando el doctor intenta medicarlo protesta sin entender: «¿Para qué me hace falta ésto?» Así es con nosotros. El Mal Instinto nos distrae con tantas preocupaciones que nos olvidamos cuál es nuestro propósito principal al venir a este mundo.

El único remedio es reservar un tiempo para la introspección cada día, o por lo menos cada semana. Uno debe recluirse en su habitación y hacer a un lado todas las preocupaciones. Sólo entonces se debe contemplar el objetivo y pensar en formas de corregir los errores cometidos. Uno debe aprender a mantenerse firme cuando la familia lo incita a conseguir dinero. Debe saber que si bien su esposa y su familia lo aman más que nadie en este mundo, ese amor lo acompañará solamente hasta los portones de la ciudad. De ahí en adelante cada uno seguirá su propio camino y se quedará solo.

El Día del Juicio, cada hombre rendirá cuentas por todas las palabras que ha dicho. Así está escrito: «y anuncia al hombre su pensamiento» (*Amós* 4:13). Comentan los Sabios: «Cuando un hombre es juzgado, le recuerdan hasta la más insignificante conversación con su mujer». De esta misma manera deberá rendir cuentas por cada momento de su vida. Incluso sus buenas acciones serán examinadas con el fin de comprobar si han sido hechas por la gloria del Cielo o por su propio honor. [Así está escrito en (*Eclesiastés* 12:14): «Porque Dios traerá toda obra a juicio, juntamente con toda cosa encubierta, sea buena o sea mala». Es decir que Él juzgará también las buenas acciones, tales como el estudio de la Torá y la plegaria, y El examinará cada «cosa encubierta» para comprobar cuáles fueron las intenciones de la persona.]

Por lo tanto cada uno debe llevar su contabilidad y preparar provisiones para el camino, para no emprender el viaje final con las manos vacías. Porque al fin y al cabo, si él no se preocupa por su destino ¿quién se preocupará?

A mi entender éste es el significado del pasaje talmúdico anteriormente mencionado. Los «haberes» son sus haberes espirituales, que son nuestras únicas verdaderas posesiones. El padre de Shmuel, que era un hombre excepcionalmente piadoso, acostumbraba a hacer inventario dos veces al día, una vez a la tarde, con el fin de comprobar si había cumplido el compromiso a los mandamientos de El Eterno hecho esa mañana y nuevamente por la noche. Shmuel, por su parte, que estaba en un nivel más bajo que su padre, hacía inventario solamente una vez al día.

Cuando Shmuel afirma que quien examina sus haberes a diario encontrará «dinero», significa que si uno hace inventario seguramente encontrará algo que debe ser corregido.

El mismo Talmud narra:

Abaye también pasaba revista de sus haberes a diario. Un día notó que su aparcero arrastraba una carga de leña con la clara intención de robarla. Cuando Abaye le preguntó adónde iba con la leña, el aparcero pretendió estar en camino a la casa de Abaye. Abaye le respondió: «Los Sabios se han anticipado a ti» (al instar a los propietarios a revisar sus haberes a diario)

A mi entender el «aparcero» simboliza la tendencia al mal, que participa en cada una de nuestras acciones. El «aparcero» dice que lleva la leña a la casa de Abaye, así como la tendencia al mal pretende que lo único que quiere es cuidar los intereses de la persona y que sus intenciones son buenas. Abaye le dice que los

Sabios se le han anticipado al instarnos a hacer nuestra contabilidad a diario. Como resultado Abaye reconoce que su tendencia al mal intentaba engañarlo y hacerle creer que lo quería ayudar cuando en realidad quería exactamente lo contrario. De modo que la verdadera conversación de Abaye fue con su propia tendencia al mal.

De esta misma manera Rabí Asi solía inspeccionar sus haberes a diario. Un día descubrió que una corriente de agua había desbordado la ribera y amenazaba inundar su propiedad. Después de obstruir la corriente con sus vestimentas en forma temporaria, gritó pidiendo ayuda y llegó gente que lo ayudó a tapar la brecha. Puede ser que esta narración alude a un incidente similar, narrado en el cuarto capítulo del tratado talmúdico de *Kiddushin* en el que Rabí Amram es rescatado de la transgresión por la presencia de otra gente.

La única razón por la que estos sabios pudieron usar estas estrategias es que acostumbraban a hacer inventario regularmente. De este modo pudieron preparar sus defensas contra la tendencia al mal y ésta no logró sobreponerse a ellos.

(SHEM OLAM, CAP. 11)

3. EL HIJO QUE PERDIÓ SU DOTE EN MALAS INVERSIONES

En esta época adquirir una hermosa casa, un elegante vestuario y disfrutar de todos los lujos ya no se considera una extravagancia. Ahora la gente tiende a creer que estas cosas se han convertido en necesidades. Y sin embargo una mínima introspección nos revela que ninguna de esas cosas es realmente esencial.

Imaginemos que alguien ha decidido suplir todas las necesidades de uno de sus colegas –comida, vestimenta y vivienda– a un nivel similar al suyo propio. Seguramente examinará cada una de sus adquisiciones, intentando reducir los gastos en lo posible y eliminando de su lista aquellas cosas que considera superfluas. Se sentirá insatisfecho con cada gasto adicional, diciendo «¡Me parece que ya tiene bastante!»

Sin embargo, si alguna de esas cosas «extras» le parecen necesarias para sí mismo, podemos estar seguros que ha sido cegado por el Mal Instinto.

He usado esa idea para explicar un versículo (*Deuteronomio* 32:5-6): «La corrupción no es Suya; de sus hijos es la mancha... ¿Así pagáis a El Eterno, pueblo vil e insensato?»

Esto puede ser comparado a la siguiente situación:

Como regalo de bodas un hombre dio a su hijo recién casado una dote de mil monedas de oro y se comprometió a mantener a la pareja durante los primeros cinco años de matrimonio. Al acercarse el fin de ese período, el padre propuso a su hijo que comenzara a buscar alguna forma de mantenerse a sí mismo.

Obedeciendo a su padre, el hijo cogió sus mil monedas de oro y viajó a un bazar distante en busca de mercancías que pudiese vender. En el bazar atrajeron la atención del joven unas hermosas vasijas de oro. Deslumbrado por las vasijas preguntó por su precio. El vendedor replicó que aunque las vasijas eran de oro, se las vendería rebajadas para que también el joven pudiese ganar revendiéndolas. (Las vasijas eran en realidad de cerámica recubierta con oro falso).

El hijo se alegró ante la oferta y le dio al mercader quinientas monedas de su dote para comprar las vasijas, creyéndolas de oro puro. Cambió las otras quinientas monedas por billetes, sin darse cuenta que también estos eran falsos.

Habiendo concluido sus negocios regresó a su hogar muy contento, creyendo haber hecho una excelente inversión.

Entretanto, en su pueblo, había llegado un informe a las autoridades del tesoro acerca de una partida de billetes falsos que habían sido introducidos en el pueblo y se organizó una minuciosa búsqueda de puerta en puerta para encontrar el contrabando.

Mientras sucedía todo esto, el hijo llegó a su hogar e inmediatamente fue a casa de su padre para mostrarle sus compras. Primero le mostró las vasijas de oro que había comprado tan baratas. El padre las miró y de inmediato se dio cuenta de que eran potes de cerámica dorados.

«¡Qué tonto que eres!» exclamó, «¡Cómo pudiste pensar que eran de oro! ¿No ves que son de arcilla? No valen ni la centésima parte de lo que pagaste por ellas. ¡Despilfarraste la mitad de tu dote!»

El padre le pidió que le mostrara qué había hecho con la otra mitad de las monedas. El hijo, muy orgulloso, se quitó el cinto donde guardaba los billetes y con mucha ceremonia los sacó, anticipando la reacción entusiasta del padre cuando viera los miles de billetes que había recibido a cambio de las quinientas monedas.

La reacción de su padre no fue la que esperaba. Dándose cuenta de inmediato de que esos billetes debían ser de la misma partida de billetes falsos que los agentes del gobierno estaban buscando en ese momento, el padre palideció de ira.

«¡Bribón! No sólo que no has ganado nada, también has cometido un grave delito. Seguramente la policía te arrestará y te condenará a un terrible destino. Mira cómo me has pagado por todo lo que he hecho por ti desde el día en que naciste. ¡Qué ingrato eres! Te crié hasta que te hiciste hombre e incluso te di una generosa dote. Creí

21

que la usarías para aumentar tu fortuna. En cambio has hecho un negocio estúpido con las vasijas y uno peor aún con los billetes falsos. ¡Quién sabe cómo acabará todo esto y cuanto sufrimiento aún me espera!»

De la misma forma, cuando un hombre llega a esta tierra El Eterno le asigna cierto número de días. En adición Él otorga a cada uno el intelecto necesario para adquirir conocimiento de la Torá y observar los preceptos. Le da asimismo el sentido común suficiente para manejarse en este mundo.

Para nuestra vergüenza, no logramos vivir a la altura de nuestra misión. Despilfarramos una gran parte de nuestras vidas, recursos y habilidades adquiriendo «billetes falsos», es decir transgresiones por las que algún día seremos juzgados. Los «agentes», ángeles acusadores, seguramente nos arrestarán y se encargarán de hacernos castigar.

Gastamos otra gran parte de nuestros recursos adquiriendo «cacharros dorados». En otras palabras, gastamos mucho más tiempo del que necesitamos para sobrevivir en pos de las vanidades de este mundo. Nos complacen enormemente las cosas que hemos adquirido durante nuestra vida, pero cuando un hombre muestra sus «bienes» en el Mundo Venidero, descubrirá que por la mayoría lo llamarán «bribón». Mucho de lo que queda serán sólo cacharros sin valor, por los que despilfarró la preciosa Torá de El Eterno. Por ello será llamado «insensato». Ese es el significado del versículo: «¿Así pagáis a El Eterno, pueblo vil e insensato? ¿No es Él tu padre que te creó?»

A continuación de ese mismo versículo dice: «Él te hizo y te estableció». Esto significa que Él te trajo a este mundo y te proporcionó herramientas intelectuales y medios materiales suficientes para conseguir tu meta final, de la misma manera como lo hace un padre por su hijo amado. Y pese a todo tú lo trocaste por vanidades.

Por lo contrario, quien usa el tiempo en este mundo para observar sus mandamientos será llamado «sabio». Así está escrito: «El sabio de corazón recibirá los mandamientos». (*Proverbios* 10:8). Quien no logre hacerlo será llamado «insensato».

(SHEM OLAM, CAP.13)

4. BIENES PRECIOSOS SE GUARDAN EN LAS HABITACIONES INTERIORES

Un simplote me preguntó una vez: «Si estudiar y cumplir con la Torá son actividades tan poderosas ¿por qué los estudiosos de la Torá no tienen más influencia en este mundo? ¿Por qué millonarios y políticos tienen tanta influencia? ¿Por qué todo el mundo está interesado en lo que hacen los ricos y los famosos y a nadie le importa de los estudiosos?»

Respondí con la siguiente parábola:

Piensa en qué forma distribuye el dueño de la mansión sus posesiones en las numerosas habitaciones. En las habitaciones interiores, que es donde él mismo reside, instala sus más preciosas posesiones. Allí encontrarás sus muebles más refinados, armarios llenos de vestimentas lujosas, etc.

En las habitaciones intermedias encontrarás posesiones menos valiosas. Y en las habitaciones exteriores encontrarás únicamente objetos de poco valor, como utensilios de cocina, etc.

Por ello, siendo que este mundo es sólo la antesala del Mundo Venidero, encontrarás aquí en abundancia sólo objetos de menor valor. Por esta razón oirás poco en este mundo acerca de los eruditos dedicados al estudio de la Torá, cuyas palabras son más preciosas que el oro. Por lo contrario, lo único que se escucha es acerca de aquellos que bregan por lograr frívolas riquezas.

El Reino de los Cielos, por otra parte, es como la habitación más recóndita de la mansión. Las únicas acciones que merecen ser recordadas en ese mundo son el estudio de la Torá, la observación de los mandamientos, el aprendizaje de un capítulo de Mishná, por ejemplo, o concentrarnos en nuestras plegarias.

Así es como están las cosas hoy. Pero un día la situación cambiará. Un día el mundo entero será purificado, como está escrito: «Y haré cortar de la Tierra al espíritu de inmundicia» (*Zacarías* 13:2). En otro lugar está escrito: «Porque la tierra estará llena del conocimiento de El Eterno» (*Isaías* 11:9). Entonces este mundo se convertirá en las habitaciones internas de la mansión, así como el Reino de los Cielos. En ese momento sólo aquellos que temen a Dios y observan sus mandamientos serán considerados importantes sobre la Tierra. La gente se dedicará a alentar a los demás sólo en lo que respecta a los asuntos espirituales (y el materialismo carecerá de todo sentido e importancia).

El rey Salomón alude a esto cuando dice: «Acuérdate de tu Creador en los días de tu juventud, antes que vengan los días malos, y lleguen los años de los cuales digas: no tengo en ellos contentamiento» (*Eclesiastés* 12:1). Los Sabios explican que esto se refiere a la era mesiánica, cuando ya no habrá oportunidad de hacer méritos o desméritos (porque ya no existirá más la tendencia al mal).

El rey Salomón concluye: «El fin de todo el discurso oído es este: teme a Dios y guarda Sus mandamientos, porque esto es todo el hombre». (*ibid.* 12:13). Hoy se da importancia sólo a frivolidades y se difunden por todo el mundo. Pero antes del Día del Juicio solamente cosas realmente importantes se escucharán en todo pueblo y ciudad. Entonces, alentar a otros a temer a El Eterno será considerado un acto digno de alabanza.

El versículo concluye: «Porque Dios traerá toda obra a juicio, juntamente con toda cosa encubierta, sea buena o sea mala».

¿Qué haremos entonces, llegado el momento del juicio?

(SHEM OLAM, CAP. 14)

5. ELIGIENDO LA RUTA MÁS SEGURA

Vemos mucha gente que observa estrictamente todas las leyes de la moda y el lujo, hasta el último detalle, pese a que esas «leyes» carecen totalmente de sentido. ¿Por qué prestar menos atención a las leyes del Dios viviente, que son verdaderamente justas?

Contemplad la siguiente situación:

Un hombre está por embarcarse en un viaje con una bolsa llena de dinero. Hay dos caminos que llevan a destino. Uno parece más rápido y fácil de recorrer, pero viajeros experimentados le han advertido que ese camino atraviesa un bosque por el que pululan animales salvajes y asaltantes. Su otra opción es un camino más seguro, que promete traerlo a destino sin daño alguno. Incluso si no estuviera del todo convencido de la existencia de los peligros en la primera ruta e incluso si la ruta segura es algo más larga y tediosa ¿para qué arriesgarse? especialmente cuando le han advertido más de una vez que no vaya por la ruta más corta. Si tiene sentido común elegirá la ruta segura y evitará la otra como a la plaga.

Vemos que hay gente dispuesta a correr riesgos espirituales al ignorar las leyes de pureza familiar, pese a que la Torá, el Talmud y los Sabios han advertido que quien elige esa ruta está en camino a la destrucción. Najmánides escribe que una sola hora en el Infierno –*Gehenom*– es peor que todos los sufrimientos de Job durante toda su vida. ¿Cómo puede alguien arriesgarse hasta tal punto por no observar unas pocas leyes que realmente no son tan difíciles de observar? E incluso si exigen algún esfuerzo, la retribución es tanto en este mundo como en el venidero.

(TAHARAT YISRAEL, CAP. 9)

6. MIDIENDO LA ETERNIDAD

En el tratado talmúdico de *Bava Batra* (78b) Rabí Shmuel Bar Najmani dice en nombre de Rabí Ionatan: «¿Qué significa el versículo: 'Por lo tanto dicen los proverbistas (o gobernantes): venid a (la ciudad de) Jeshbon' (*Números* 21:27)? Se refiere a quienes 'gobiernan' sus inclinaciones. Exigen: 'Hagamos la cuenta –*jeshbon*– del mundo: pongamos en un platillo de la balanza el costo de un precepto y en el otro su recompensa, y la ganancia de una transgresión en uno y su costo en otro'».

Este versículo continúa: «Edifíquese y establézcase la ciudad de Sijón». Rabí Ionatan explica: «Si lo haces (es decir, hacer la cuenta) te 'edificarás' en este mundo y te 'establecerás' en el venidero».

Cuando la Torá nos urge a «hacer la cuenta», esto debe entenderse literalmente. Uno no debe esperar hasta ser llamado de lo alto para rendir cuentas de sus acciones, porque entonces ya será demasiado tarde. Debemos tomar la iniciativa ahora y hacer la contabilidad de nuestras acciones. Entonces El Eterno tomará nota de nuestros pensamientos y comprobará que reconocemos nuestra culpa. Verá entonces que realmente deseamos corregirnos y que simplemente carecemos de los medios. Nuestra única esperanza es que Él nos aumente el crédito, de modo que podamos pagarle con Su propia munificencia. El rey David escribe: «Porque todo viene de Ti y Te hemos dado a Ti de Tu propia mano». En otro lugar los Sabios comentan: «Quien se sobrepone a su tendencia al mal y confiesa sus acciones se le reconoce el mérito de haber honrado al Santo, Bendito Sea, en dos mundos».

Ahora comprendemos lo que significa «hacer la cuenta». Pero surge otra pregunta: ¿Por qué el Talmud se refiere a esto como «hacer la cuenta del mundo»? Me parece que con esta expresión los Sabios se anticipan a uno de los argumentos de la tendencia al mal.

Lo explicaré con una parábola:

Una vez un hombre le pidió a su compañero que contase el número de semillas que había dentro de una taza. Su amigo lo hizo y le comunicó el resultado. Después le preguntó cuantas semillas habría en un cubo. Sabiendo cuantas tazas llenan un cubo, el compañero hizo rápidamente el cálculo. Después le preguntó cuantas semillas cabrían en una carreta de tamaño corriente. Tampoco este cálculo significó problema alguno.

Continuando con la misma línea de pensamiento preguntó el hombre: «¿Cuántas semillas cabrían en una hilera de carretas de quinientos kilómetros de largo?» Su compañero, que era un excelente aritmético, resolvió también este problema.

Habiendo recibido la respuesta a su última pregunta, nuestro inquisitivo hombre dijo: «Ya que eres tan bueno en esto te pediré que me hagas un último cálculo. Supone que el mundo entero estuviera lleno de grano hasta el cielo y un pajarito encaramado en lo alto de la pila comenzara a consumirla. Si el pajarito es capaz de comer una semilla cada cien días ¿cuántos años le llevará consumir todo el grano?»

Ante esa pregunta el hombre de las respuestas se quedó mudo. Comprendió que prácticamente ningún número podía ser asignado a ese período de tiempo. Pero si lo comparamos con la duración de la eternidad, no sería ni la millonésima parte de la misma. Al fin y al cabo un grano es consumido cada cien días. En mil días, unos tres años, consumirá diez. En trescientos años el pájaro habrá comido mil semillas, aproximadamente una taza. Si lo multiplicamos por un millón y lo volvemos a multiplicar por un millón y otra vez, llegaremos a cierto número de años. Pero la eternidad no tiene límite alguno.

Teniendo esto en cuenta, podemos responder a la pregunta que planteamos respecto a la frase «hacer la cuenta del mundo». Mundo, en hebreo, se dice *olam* y a veces significa «para siempre» o «eternidad», como en el versículo: «El Eterno reinará para siempre (*leolam*)».

Quienes «gobiernan sus tendencias» saben contradecir los argumentos de la tendencia al mal. Por ejemplo cuando la tendencia al mal de una persona le dice: «No te preocupes por la eternidad, piensa sólo en el momento», su tendencia al bien debería responder: «¿No comprendes cuán larga es la eternidad?» No creas que la eternidad es similar a cien o mil años. La eternidad es infinita. Si te rindes a tu tendencia al mal, estarías trocando el mundo efímero por uno que dura para siempre.

Lo que dicen los Sabios significa: «¡Calculemos la eternidad!» Si multiplicáramos cien años por cien, una y otra vez, no nos acercaríamos en nada a la eternidad. La pérdida que puede implicar la observación de un precepto no dura sino un instante fugaz en comparación con su eterna recompensa. Debemos reflexionar simplemente en lo que significa «eternidad».

De la misma forma el placer que uno puede derivar de la transgresión dura un solo instante en comparación con la pérdida eterna que causa. Los Sabios observan en *Midrash Tehillim*: «Quien se entrega totalmente a la transgresión nunca será perdonado».

Así es que si tenemos constantemente presente el significado de «eternidad», buscaremos el arrepentimiento y evitaremos la transgresión, y entonces estaremos «edificados en este mundo y establecidos en el venidero».

(SHEM OLAM, CAP. 18)

7. LA LIBRETA DEL TENDERO

Hay un versículo que dice: «El sabio de corazón recibirá los preceptos; más el necio de labios caerá» (*Proverbios* 10:8). Quien es sabio es capaz de apreciar el poder de los preceptos y por ende está ansioso de conseguirlo. Un necio, por otra parte, se cansa rápidamente y así es que no logra conseguirlo. Para el sabio, que conoce la santidad de la Torá, los mandamientos son un bien valioso.

Esto puede ser ilustrado con una analogía:

Además de los diversos libros de contabilidad comunes que lleva un simple tendero, tendrá probablemente una libreta especial en la que anota información variada respecto a sus deudas, a la mercancía comprada durante un período determinado y a sus ganancias. Sus ganancias pueden no pasar de unos pocos dólares, pero vale la pena anotar todas sus transacciones para usarlas en el futuro como referencia para decidir si hacer compras similares.

Un libro mayor de este tipo, en el caso de un gran mayorista, incluiría compras por miles de dólares. También allí se anotarían las ganancias obtenidas por cada partida de mercadería. Si las ganancias para determinada mercadería fueran demasiado reducidas, el administrador ni se molestará en anotarlas, ya que no valdría la pena traerlas nuevamente.

Si miráramos los archivos de una firma internacional, como los de la casa de los Rothschild por ejemplo, encontraríamos información acerca de aquellas adquisiciones y surtidos que resultaron ser inversiones provechosas. Sin embargo, para Rothschild, un beneficio de unos pocos miles no es nada. Ni se molestaría en atiborrar sus libros con sumas insignificantes. Si encontramos anotado que cierta inversión ha sido provechosa podemos estar seguros que la ganancia debe haber sido de cientos de miles.

Aumentemos esta imagen muchos miles de veces e intentemos pensar en el libro mayor del Rey del universo. El libro mayor de El Eterno es nuestra sagrada Torá. De la fuente de la Torá la creación extrae su existencia. Así está escrito: «El Eterno me (la Torá) poseía en el principio, ya de antiguo antes de Sus obras» (*Proverbios* 8:22). La Torá es descrita también como el deleite de El Eterno, como en el versículo: «Y era su delicia de día en día» (*ibid.* 8:30). En la Torá, El Eterno ha anotado todas aquellas actividades en las que vale la pena invertir, cuyo potencial de ganancia es enorme. Por ejemplo en lo que respecta al mandamiento de añadir flecos —*tzitztit*— en los extremos de la vestimenta está escrito: «Para que os acordéis, y hagáis todos mis preceptos, y seáis santos a vuestro Dios». (*Números* 15:40).

¡Qué enorme será la ganancia para que una inversión sea mencionada en el libro mayor del Rey! Qué afortunado es quien la observa, seguramente no se cansará nunca del esfuerzo. Porque si un hombre se topa con una oferta y comprende que puede ser vendida por muchas veces su costo, invertirá todas sus energías en conseguir esa mercancía y en su alborozo no sentirá nunca cansancio.

Otro, «el necio de labios», por su parte, es incapaz de apreciar la santidad de la Torá, ni la ganancia que será su remuneración si invierte en sus mandamientos. Por esa razón se cansa de observarlos. Y es por eso por lo que El Eterno reprochó a Israel: «Sino que de Mí te cansaste, oh Israel» (*Isaías* 43:22). Como observa el Midrash: «Todo el día trabajan y no sienten cansancio, pero cuando rezan repentinamente los acomete la fatiga».

La misma analogía arriba mencionada puede ser usada para comprender el otro lado de la moneda.

El simple tendero escribirá en su libreta incluso aquellas adquisiciones que le hayan causado pérdidas, aunque la pérdida sea ínfima. En el libro mayor de un gran mayorista esta anotación indicará una pérdida de decenas de miles. Si Rothschild advierte a sus agentes acerca de un mal negocio, probablemente se refiera a una pérdida de cientos de miles.

Multiplicad esta suma por un millón y comenzaréis a apreciar qué significa cuando el Santo, Bendito Sea, nos advierte contra determinada acción en Su libro mayor (por ejemplo comer leche junto con carne, usar una mezcla de lana y lino, etc.) ¡Qué enorme debe ser la pérdida!

(SHEM OLAM, PARTE II, CAP. 3)

8. LA ANTESALA Y LA MANSIÓN

Hay un versículo en *Salmos* (31:20) que dice: «Cuán grande es Tu bondad que has guardado para los que Te temen». Esto puede ser entendido con la ayuda de una *mishná* en el *Tratado de Padres* (4:21): «Dice Rabí Iaakov: 'Este mundo es como la antesala del Mundo Venidero. Prepárate en la antesala antes de entrar a la mansión'». Esta frase es aparentemente enigmática.

Una persona que desea ser recibida por un importante dignatario, probablemente dedicará varias horas a mejorar su apariencia y a prepararse para la ocasión. Si se está preparando para una audiencia ante el rey, sus preparativos pueden llevarle varias semanas. Al fin y al cabo debe preparar vestimentas adecuadas para aparecer en la corte.

De acuerdo a Rabí Iaakov se supone que dedicaremos no solamente unas horas o semanas sino los setenta u ochenta años de nuestra vida a prepararnos para entrar en la «mansión» celestial. ¿Por qué hace falta tanto tiempo?

La razón es que la «mansión» celestial consiste en numerosos palacios. Merecer la entrada a todos ellos demanda grandes preparativos, unos setenta años de preparativos. Por cada mandamiento en la Torá hay un mundo aparte en las alturas del que procederá la retribución a dicho mandamiento. Este es el significado del versículo: «Cuán grande es tu bondad que has guardado para los que Te temen». Si pensamos al respecto nos damos cuenta de que ninguno de nosotros actúa con responsabilidad.

Consideremos lo siguiente:

Cierto acaudalado individuo adquirió un valioso terreno para construir su casa. Consultó con uno de los mejores arquitectos para que le ayudara a decidir el plano general de la planta baja y para diseñar el edificio. El propietario explicó al arquitecto: «Quiero que mi mansión deslumbre a quienes la vean, el interior debe ser amplio y magnífico y la antesala espaciosa y debe causar una fuerte impresión a quienes la vean».

Después de examinar la propiedad el arquitecto le dijo a su cliente: «Temo que el tamaño y las dimensiones de la propiedad no alcancen para construir tanto el cuerpo principal del edificio, tal como usted lo ha descrito, como la espaciosa antesala que desea. Cuando más grande sea la antesala, menor será la mansión.

Pero si reduce la mansión ésta perderá toda su magnificencia. Siendo que la vivienda principal será la mansión, creo que sacrificar el esplendor de las habitaciones internas para tener una antesala más lujosa significará un error que usted lamentará en el futuro. Al fin y al cabo la función de la antesala es simplemente servir de pasaje. De modo que mi consejo es que ante todo construya el cuerpo principal de la mansión, tal como debe ser, con todas sus salas y habitaciones. Después se podrá construir la antesala en lo que quede de terreno y conformarse con ello».

La moraleja de esta historia debería ser obvia. Mientras vivimos en este mundo estamos construyendo la «mansión». Los Sabios comentan este versículo así: «Y todos vuestros hijos serán doctos en El Eterno: no leáis en hebreo banaij (vuestros hijos) sino bonaij (vuestros constructores).

Esto es similar a la explicación del Midrash del versículo: «La sabiduría edificó su casa» (*Proverbios* 9:1). El Midrash dice: «Sabiduría se refiere a la Torá. Esto nos enseña que quien adquiere Torá adquiere una casa en el Mundo Venidero».

Si examinamos nuestro comportamiento, comprenderemos que generalmente dedicamos la mayoría de nuestro tiempo a construir la «antesala». Perdemos todo el tiempo arreglando nuestras casas, preparando comida y adquiriendo vestimentas para nuestros cuerpos físicos. Más aún, no nos conformamos con lo esencial. Despilfarramos tanto tiempo en adornos que nos queda muy poco para trabajar en la «mansión». Ni siquiera somos constantes con el poco tiempo que le dedicamos. A veces transcurren semanas sin que estudiemos Torá y cuando rezamos lo hacemos mecánicamente.

Actuamos como si fuéramos a vivir eternamente en la antesala, pero finalmente deberemos seguir adelante, nos guste o no nos guste. Si nuestra mansión no está preparada y esperándonos para entonces, seremos excluidos de la Divina Presencia y nos quedaremos afuera con las cáscaras superficiales y contaminadas.

(SHEM OLAM, CAP. 4)

9. VISITA A LA FERIA

Todos los años decenas de miles de visitantes llegaban a la capital de la provincia para asistir a la feria anual. Los propietarios de las tabernas y los restaurantes situados en los alrededores de la feria los recibían con un despliegue de manjares.

Entre las multitudes que llegaban había todo tipo de personas: algunos muy inteligentes, otros totalmente tontos y el resto en algún lugar entre ambas definiciones. Cada uno hace sus cosas de acuerdo a su nivel de sabiduría y a sus capacidades. Y sin embargo, ni el más tonto creería que la razón por la que se llega a la feria es comer faisán relleno. Puede hacerle ilusión el previsto manjar, pero sabe que ese no es el propósito de su viaje. Cada uno de ellos está ansioso por terminar los negocios que vino a hacer, de modo que la ardua jornada no haya sido en vano. A cualquiera que le preguntasen, diría sin duda cuál es el propósito de su presencia en la feria y qué espera conseguir en esa visita.

Y sin embargo cuando se trata del propósito de nuestra estadía en este mundo, el Mal Instinto ha desviado hasta tal punto nuestra atención, que muy pocos dedican algún pensamiento al tremendo viaje realizado por el alma para llegar aquí desde los mundos superiores. (La morada original del alma es el mundo de la Creación. Desde allí desciende al mundo de la Formación, después al mundo de las Esferas Superiores y de ahí a nuestro mundo).

La mayor parte de la gente piensa que tiene éxito en su vida si pueden vivirla como en vacaciones, en torno a mesas cargadas de manjares. No dedican pensamiento alguno al destino del viaje. Pero un día se verán forzados a regresar al mundo superior. Así está escrito: «y el espíritu vuelva a Dios que lo dio» (*Eclesiastés* 12:7). Cuando lleguen ante el Santo, Bendito Sea y Sus huestes, Él insistirá en ver la «mercancía» que habéis adquirido en la «feria» de este mundo. Si nuestros almacenes están vacíos ¿adónde huiremos para ocultar nuestra vergüenza?

A todo esto alude la Mishná:

Akavia ben Mehalelel dice: «Ten en cuenta tres cosas y no caerás en la transgresión: Debes saber de dónde vienes, adónde vas y ante Quién rendirás cuentas.

¿De dónde vienes? De una gota maloliente; ¿adónde vas? A un lugar de polvo, gusanos y lombrices. ¿Ante Quién rendirás cuentas? Ante el Rey de Reyes, el Santo Bendito Sea». (*Tratado de Padres* 3:1)

La pregunta es: ¿Por qué esta mishná se divide en dos partes? Primero Rabí Akavia ben Mehalelel hace una lista de las tres cosas a tenerse en cuenta y después la repite dando las respuestas a las preguntas. ¿Por qué no lo plantea de inmediato?: ¿De dónde vienes? De una gota maloliente, etc. La respuesta es que cada una de las partes de la mishná conlleva un mensaje diferente: uno destinado al cuerpo y otro al alma.

La primera parte (la lista de las cosas a tener en cuenta) está destinada al alma, porque el alma nunca se permitiría ensuciarse con una transgresión si tuviera en cuenta dos cosas: de dónde viene, de la morada de El Eterno en las alturas, y adónde va, que con cada momento que transcurre se acerca el regreso a ese otro mundo.

La segunda parte de la mishná está dedicada al cuerpo, y al cuerpo hay que recordarle su abyecto origen: una gota maloliente y su fin: polvo, gusanos y lombrices, para que no se siga degradando con la transgresión.

Lo tercero que debemos considerar, ante Quién rendiremos cuentas, está destinado a ambos por igual. En el momento del juicio El Eterno reunirá cuerpo y alma y los juzgará como una unidad, tal como se explica en el Tratado de *Sanhedrín* (91b)

(SHEM OLAM, CAP. 11)

10. VIAJAR MUY LEJOS POR UN CIGARRILLO

Qué tontos son aquellos que desperdician sus vidas amasando riquezas, sin pensar en la razón de su presencia en este mundo. Deberían aprender de los carreteros, porque ningún carretero viajaría ni unas pocas millas si el pago no cubriera más que su propia subsistencia. No valdría la pena si no tuviera algunas ganancias para llevarle a casa a su familia.

Pensad en el viaje del alma al descender a este mundo desde las alturas. ¡Atraviesa millones de millas para llegar! Claramente no valdría la pena si todo lo que uno lograra fuera su mera subsistencia. Debe haber algo que pueda llevar consigo a casa cuando el alma regrese al Cielo. Si tanta gente se dedica exclusivamente a bregar por la prosperidad mundanal, debe ser porque la tendencia al mal los ha cegado y les ha hecho creer que para eso es que están aquí.

Considerad el siguiente incidente:

Un simplote viajó a un pueblo a cientos de millas de distancia. Un compañero de viaje le preguntó por el propósito de su viaje y él respondió inocentemente que allí podría conseguir un buen cigarrillo. En su simpleza consideraba que era una digna inversión de tiempo y energía y se sentía en paz con su decisión. El compañero de viaje pensó por su parte que el pobre hombre seguramente era un tonto completo.

Así es nuestro caso. Mientras estamos en este mundo nos imaginamos que nuestras frívolas ocupaciones son profundamente significativas. Pero cuando el alma asciende al Mundo Venidero, sus ojos se abren al valor verdadero de lo logrado en el transcurso de la vida. De inmediato comprenderá que no ha traído consigo nada de valor y se arrepentirá por hacer a un lado las perlas (el estudio de la Torá y las preceptos) para juntar desperdicios. Desafortunadamente ya será demasiado tarde.

Creo que a esto se refieren los Sabios cuando comentan la descripción del rey Salomón en el versículo: «Era más sabio que todos los otros hombres» (*I Reyes* 5:11). Según los Sabios ésto significa: «Era incluso más sabio que los necios». En otras palabras, se negaba a adoptar las destructivas costumbres de los necios que ignoran los dictados del sentido común y siguen a sus más bajos sentidos. El rey Salomón demostró su sabiduría al dominar su codicia y sus pasiones.

La verdad es que el malvado es una clase diferente de necio; es un necio que se ha permitido ser dominado por sus instintos animales. La única diferencia entre el malvado y el tonto común es que el primero usa su poder de razonamiento para planificar sus maldades con el fin de ocultar su necedad ante los demás, para que nadie se de cuenta cuán tonto realmente es. A eso se refieren los Sabios cuando dicen: «Ningún hombre peca salvo si se apodera de él el espíritu de la necedad».

(NEFUTZOT ISRAEL, CAP. 6)

11. PLANTANDO GRANO EN UN CAMPO EXTENSO

Quisiera reflexionar acerca del dictamen de los Sabios: «Un hombre debería siempre incitar a su tendencia al bien a luchar contra el mal; si lo derrota, todo está bien, pero en caso contrario debería estudiar la Torá; si logra derrotarlo muy bien, pero si no lo logra debería pronunciar el shemá, y si ninguna de las estrategias anteriores tiene éxito, debería recordar el día de la muerte». ¿Por qué los Sabios dicen que debería recordar el día de la muerte en lugar de recomendarle que recuerde que ha de rendir cuentas por sus acciones en el Mundo Venidero?

Una respuesta podría ser ésta: mientras una persona está sana no suele medirse con su mortalidad, y no considera cuál será su fin. Por ende se desentiende de sus obligaciones hacia la Torá y deja pasar días enteros sin estudiar. Por ello es necesario recordarle que algún día yacerá en su lecho y las últimas reservas de fuerza estarán por abandonarlo. Entonces se le ocurrirá que aún no ha preparado «provisiones» para el camino final.

«¡Oh, si Dios me concediera un poco más de tiempo!» gemirá. «Sólo unos pocos días para arrepentirme por lo menos de algunas de mis acciones y estudiar un poco de Torá con motivos puros para protegerme del terrible Día del Juicio. Pero ahora mi mente está poco clara y mis miembros entumecidos. No puedo ni siquiera levantarme de la cama».

¿No hubiera sido mejor si uno tuviera estos pensamientos cuando sus fuerzas aún le permiten hacer algo al respecto? En lugar de desperdiciar días enteros, es mejor que comprenda que llegará un tiempo en el que «unos pocos días» será un lujo más precioso que plata y oro. Qué se diga a sí mismo: «¿Por qué pierdo mi tiempo en frivolidades que al final no me serán útiles?»

La Torá compara el período de vida del hombre a la semilla. Así está escrito: «Sembrad para vosotros en justicia...» (*Oseas* 10:12). También está escrito: «Los que sembraron con lágrimas, con regocijo segarán» (*Salmos* 126:5).

Comparémoslo a la siguiente situación:

Imaginad a un granjero que ara un campo en el que podrían sembrar varias fanegas de grano, pero lo único que siembra es un puñado de semillas. Sus colegas granjeros pensarían que se ha vuelto loco. Cuando llegue el tiempo de la cosecha y vea los frutos de su labor, se arrepentirá profundamente por su necedad y por haber desperdiciado sus energías.

De la misma forma el Santo, Bendito Sea, ha asignado a cada persona cierto número de días, proporcional a la misión que Él le ha designado para completar en esta Tierra. Debe dominar tanta y tanta Torá y hacer tales y tales acciones. Pero si es perezoso y usa solamente unas pocas horas al día, permitiendo que el resto se desperdicie, tendrá poco para mostrar llegado el momento. Pensad qué avergonzado se sentirá al mostrar su mísera cosecha ante su Dueño.

Así nos enseña el *Tanna Devei Eliahu*:

Que el hombre revise bien sus estudios, para no tener que sentirse avergonzado en el Día del Juicio, cuando se le ordene ponerse de pie y demostrar cuánto ha leído de la Torá y cuánta Mishná ha aprendido.

Si uno toma esto en cuenta mientras aún es fuerte, todo le irá bien, tanto en este mundo como en el venidero.

(SHEM OLAM, CAP. 13)

12. UN MOMENTO PERDIDO EN LA FERIA

Leemos en *Deuteronomio* (32:5-7) «La corrupción no es suya; de sus hijos es la mancha... ¿Así pagáis a El Eterno, pueblo vil e inepto? ¿No es Él tu padre que te creó? Él te hizo y te estableció. Acuérdate de los tiempos del mundo. Considera los años de muchas generaciones...»

Según Rashi la frase «Acuérdate de los tiempos del mundo» se refiere al pasado, mientras que «los años de muchas generaciones» se refiere a las generaciones venideras.

Quisiera explicar este pasaje con una parábola:

Había una vez un hombre acaudalado cuyo dinero provenía únicamente de su trabajo de tasador en las grandes ferias, que se llevan a cabo una vez cada diez años. A esas ferias llegaban los nobles del país a comprar sus joyas. Este hombre era un experto tasador de piedras preciosas y tenía fama de ser una persona de confianza, por lo que todos deseaban que evaluara sus joyas y le pagaban excelentes honorarios. Durante una de estas ferias era capaz de ganar una pequeña fortuna que le permitía vivir muy bien hasta la próxima.

Durante los años intermedios en lo único que podía pensar era en la próxima feria, porque sabía que entonces ganaría mucho dinero.

Cuando llegaba el gran día él estaba extático. ¡Con cuánto entusiasmo trabajaba durante los días de la feria! Generalmente acostumbraba a comer, beber y divertirse como los ricos, pero durante la feria el tiempo que dedicaba a comer y beber era mínimo, para no perder tiempo de trabajo. A veces incluso se olvidaba completamente de comer y beber.

Si alguien le preguntara acerca de este peculiar comportamiento, él respondería «He esperado durante años que la Providencia me otorgue esta oportunidad, porque ahora puedo ganar mucho dinero en poco tiempo. Las gemas que mis clientes adquieren serán engarzadas en coronas de reyes. Yo seré capaz de vivir de lo ganado en esta feria durante diez años. ¿Quién sabe cuando tendré otra oportunidad como ésta? Créeme que si pudiera pasarme estos días sin comer ni dormir, lo haría. En cada segundo que desperdicio en esas cosas pierdo posibles ganancias».

Este hombre tenía un hijo que heredó su profesión. Cuando llegó la próxima feria también el hijo comenzó a ganar. Pero no siguió el ejemplo de su padre y no se dedicó totalmente a los negocios, sino que dedicó mucho tiempo a la buena comida, a los paseos y a los bailes.

Su padre le advirtió: «No olvides que has estado esperando esta feria. Cada día te preguntabas cuando finalmente llegaría. Ahora que estás aquí, en lugar de dedicarte a tu trabajo pierdes tiempo en frivolidades. ¿Quién sabe cuándo habrá otra feria de esta magnitud o si habrá alguna? ¿De qué vivirás entonces?»

Permitidme aclarar la conclusión de este relato. Todas las almas que habrán de nacer fueron creadas en el comienzo de la creación. Desde entonces han estado alojadas en la morada de El Eterno, como está escrito: «Oración a Moisés... El Eterno, Tú nos has sido refugio de generación en generación. Antes de que naciesen los montes, y formases la Tierra y el mundo...» (*Salmos* 90:1-2).

Rashi alude a esta idea en un comentario al Tratado de *Ievamot* 62a. El Talmud nos informa: «El hijo de David (es decir el Mesías) no vendrá hasta que no sean usadas todas las almas del 'cuerpo'». Rashi explica que el «cuerpo» al que se refiere en este argumento es el alojamiento de las almas.

Los libros sagrados nos dicen que cuando las almas de los justos ascienden desde este mundo están ataviadas con vestimentas luminosas que han adquirido mediante el estudio de la Torá y las buenas obras. Cuando las almas que ya están en el Cielo las ven, les acomete un anhelo profundo de bajar a este mundo para que también puedan ganar su recompensa. Desde ese instante no dejan de preguntar: «¿Cuándo llegará mi turno de bajar al mundo?» Se dan cuenta de los enormes beneficios que pueden recogerse en este mundo: uno puede adquirir la felicidad eterna.

(Es cierto que el *Tratado de Padres* nos enseña que «Nacerás en contra de tu voluntad...» Pero como lo explica el Rabí Iosef Caro en *Maguid Mesharim*, esto es sólo porque el alma, cuando llega a este mundo, debe vestir un cuerpo material, que anquilosa su conciencia espiritual. Eso es lo que desagrada al alma. Y sin embargo el alma desea profundamente venir a este mundo para estudiar Torá y hacer buenas acciones).

Con esto en mente podemos comenzar a entender el pasaje en *Deuteronomio*: Moisés declara: «La corrupción no es suya;... ¿Así pagáis a El Eterno...?» En otras palabras pregunta: «¿Es así cómo pagáis a El Eterno por poner en este mundo la Torá y los preceptos para que mediante ellos podáis ganar vuestra parte en el Mundo Venidero?»

Moisés continúa: «Acuérdate de los días del mundo...», lo que significa, piensa en los miles de años que han transcurrido desde que tu alma ha sido creada (porque el mundo también tiene «días» –los Sabios dicen que los seis mil años del mundo corresponden a los seis días de la creación). Piensa cuánto tiempo tu alma ha estado pensando: «¿Cuándo tendré la oportunidad de lograr la felicidad que han logrado otras almas de justos mediante sus buenas acciones?» Pero ahora que estás en este mundo te has olvidado completamente para qué has venido, pierdes tu tiempo en vanidades, así como el necio hijo de la parábola.

La segunda parte de este versículo dice: «Considera los años de muchas generaciones...» Tal como lo mencionamos, Rashi explica esto como una referencia a las generaciones futuras. Decenas de generaciones, durante cientos de años pueden transcurrir hasta que te sea dada otra oportunidad de venir al mundo y ganarte tu recompensa. Por lo tanto ¡recoge todo lo que puedas ahora mismo!

(JOMAT HADAT, CAP. 7)

13. EL REY DISFRAZADO

El profeta Isaías proclama: «Buscad a El Eterno mientras pueda ser hallado, llamadle en tanto que está cercano». (*Isaías* 55:6). De acuerdo a los Sabios, esto se refiere a los diez días entre Rosh Hashana –el Año Nuevo– y Yom Kippur –el Día del Perdón, conocidos como los Diez Días de Arrepentimiento. En esa época del año El Eterno está particularmente próximo. Y sin embargo, para aclarar esto hubiera sido suficiente que el profeta simplemente dijera: «llamadle en tanto que está cercano». ¿Por qué entonces era necesario anteponer las palabras «Buscad a El Eterno mientras pueda ser hallado»?

Creo que este versículo alude a una idea sumamente elevada. Isaías nos dice que mientras una persona vive no debe dejar de «buscar a El Eterno». En este mundo es fácil «encontrar» a

El Eterno. Por ejemplo uno puede encontrar a El Eterno y hablar con El a través de su Torá (los libros místicos nos dicen que cuando un hombre estudia Torá literalmente está hablando con El Eterno). Uno puede buscar a El Eterno mediante la observación de los mandamientos y hablar directamente con Él a través de las bendiciones que uno recita por ellos. Advertid que en nuestras bendiciones nos dirigimos a El Eterno en segunda persona, como quien habla con un vecino: «Bendito Seas, El Eterno ...»

Uno puede también desnudar su alma en la plegaria y pedir perdón y pedir ayuda para lograr la perfección en el estudio de la Torá y en la observación de los preceptos. Mediante la plegaria, uno puede llegar a los más altos niveles posibles para un ser humano.

En resumen, mientras uno está en este mundo puede intentar acercarse a la gloria de El Eterno. Así está escrito: «Dondequiera que Mi Nombre es mencionado (a través del estudio y la plegaria), vendré a vosotros y os bendeciré».

Por otra parte, al llegar al Mundo Venidero, uno no tendrá oportunidad de estudiar Torá, observar los preceptos o decir plegarias. Los Sabios dicen de ese tiempo: «Una vez que una persona ha muerto, no se ocupa más de estudiar la Torá y de los preceptos». En otro lugar observan: «Este mundo se parece al viernes y el Mundo Venidero se asemeja al Shabat. Uno debe prepararse el viernes porque el Shabat no podrá preparar nada».

Esto puede comprenderse mediante la siguiente parábola:

Cierto posadero fue calumniado ante las autoridades. Su caso era muy grave e invirtió muchos esfuerzos en limpiar su buen nombre. Pero todo fue en vano y la situación parecía desesperada. Sus conocidos le aconsejaron que su única esperanza era presentar su caso ante el mismo rey. Se sabía que el rey era benevolente; seguramente se apiadaría de él y lo salvaría de la muerte.

En esos tiempos era común que el rey se disfrazara con ropa sencilla y saliera de viaje por su reino, observando las costumbres y la vida del pueblo. Sucedió que el rey de ese país estaba viajando por la ciudad en la que vivía el posadero y se alojó en su misma posada, aunque en ese momento nadie sabía quién era.

Después que partió, se corrió el rumor que el rey había estado en esa ciudad y había pernoctado en la posada. Cuando el posadero lo escuchó se lanzó a llorar, «¡Qué mala suerte tengo! El rey estuvo en mi propia casa y yo ni me enteré. Me hubiera tirado a sus pies y estoy seguro que me hubiera perdonado. ¿Ahora qué puedo hacer? No tengo fuerzas para viajar a la capital y aunque pudiera su ejército de guardias jamás me permitiría acercarme a él».

El significado de la parábola es claro. El rey en la historia es el Rey de reyes, el Santo, Bendito Sea. Mientras una persona está en este mundo, está constantemente en presencia de El Eterno. Incluso si pierde su camino, puede tirarse a los pies de El Eterno y pedir piedad y ayuda en sus asuntos. Esto porque El Eterno está cerca de él, como lo dice el versículo: «Cercano está El Eterno a todos lo que Le invocan, a todos los que Le invocan de veras» (*Salmos* 145:18).

Pero día a día la mayor parte de la gente simplemente posterga la invocación a El Eterno hasta que llega el momento en que debe dejar este mundo y entrar en el venidero. Cuando uno llega allí encuentra el Libro mayor abierto y todas sus acciones anotadas y firmadas. Sabe que el destino de su cuerpo y alma depende del balance. Debe presentar una justificación válida para cada uno de sus actos, pero no tendrá qué decir.

Allí es cuando clamará: «¡Qué error terrible he cometido! Cuando estaba en el mundo inferior, El Eterno estaba constantemente cerca. Podía haber rogado y llorado y El me hubiese perdonado todo. Incluso me hubiese ayudado a comprender Su Torá y a observar Sus mandamientos, tal como lo dicen los Sabios: «Si uno desea purificarse, el Cielo lo ayudará».

«Pero ahora me rodea un enorme campamento de ángeles acusadores, creado por mis transgresiones y me avergüenza levantar la cabeza hacia Él. Miles de ángeles a Su servicio rodean Su Trono de Gloria, impidiendo que me acerque. Los portones del arrepentimiento están cerrados para mí. Ya no puedo corregir nada con palabras, ahora debo sufrir terribles castigos».

El profeta alude a esto en unas pocas palabras: «Buscad a El Eterno (¿cuándo?) mientras pueda ser hallado».

(JOMAT HADAT, CAP. 17)

14. EL PRÉSTAMO NO USADO

Uno debería reflexionar constantemente acerca del versículo: «¿Quién subirá al monte de El Eterno? ¿Y quién estará en Su lugar santo? Quien no ha tomado Mi alma en vano, ni jurado con engaño» (*Salmos* 24:3-4). ¿A qué se refiere la frase «quién no ha tomado Mi alma en vano»?

La respuesta puede explicarse con la siguiente parábola:

Una vez un hombre pobre se acercó a un rico comerciante para pedir un préstamo de diez mil dólares por seis meses. El rico dijo que preferiría dar diez préstamos de mil dólares a diez personas diferentes que dar un préstamo grande a una sola persona.

El pobre replicó: «Debes escuchar mi historia. Tu sabes que yo solía ser muy rico hasta que pasé unos tiempos muy duros. Ahora tengo la oportunidad de hacer un negocio con el que espero mejorar mi situación. El único obstáculo es que debo dar un avance de diez mil dólares».

«Bueno, si se trata de rehabilitar a alguien», contestó el rico, «vale la pena invertir. Te daré el préstamo».

El hombre rico cumplió con su palabra y el pobre recibió su préstamo. ¿Qué hizo con el dinero? En lugar de invertirlo, como dijo, lo escondió en un cajón.

Cuando pasó el tiempo acordado, el rico pidió su dinero de vuelta. El pobre abrió el cajón, sacó el dinero que había escondido y se lo entregó al rico. El rico notó que eran exactamente los mismos billetes que él le había dado.

«Parece que no usaste el dinero que te presté», dijo asombrado.

«Es cierto», admitió el pobre, «pero tú no has perdido nada por ello».

El rico estaba furioso «¡Si supiera que no te beneficiarías con mi dinero, no te lo hubiera dejado ahí juntando polvo!»

El mensaje es claro. El Eterno toma un alma encumbrada y la baja de los más altos reinos y la viste con un vil cuerpo físico. El propósito de todo esto es que la persona pueda ganar su recompensa. Si no gana nada, aunque no pierda nada por transgresora, el descenso al mundo resulta una mera pérdida de tiempo.

Este es el sentido de la frase: «quién no ha tomado Mi alma en vano.»

(Torat Habait, Cap. 8)

15. La billetera vacía

Nos ordenan en *Deuteronomio* (7:11): «Guarda, por tanto, los mandamientos, estatutos y decretos que yo te mando hoy que cumplas». Me parece que aquí la Torá alude a que uno debería siempre actuar como si ese fuera el último día de su vida. De esta manera estaría seguro de arrepentirse por sus malas acciones y mejorar su comportamiento. Esto es particularmente importante cuando uno envejece y comienza a debilitarse. Hará un esfuerzo especial para preparar las provisiones que necesitará en su último viaje.

Desafortunadamente, parecería que es más probable que cumplamos un versículo diferente: «Devoraron extraños su fuerza y él no lo supo, y aún canas le han cubierto y él no lo supo». (*Oseas* 7:9). Su fuerza, que debió ser utilizada para preparar su futura felicidad, fue devorada por las fuerzas extrañas de la tendencia al mal: lujuria, avidez, ira, etc. Y sin embargo ni se dio cuenta de que había desperdiciado todos sus años en vanidades, porque la tendencia al mal lo mantuvo tan ocupado con sus obligaciones mundanas y era como si estuviera ebrio, y una persona ebria no piensa en su futuro.

Describiré una escena común en el mundo que puede servir como parábola:

Una noche un hombre entra a una taberna con sus compañeros borrachos. Su billetera está llena de monedas que alcanzan una suma considerable. Comienza a vanagloriarse de su hinchada billetera y pide una vuelta de tragos para todos sus compañeros. Ahora su billetera está más liviana, pero continúa dándose ínfulas y pide otra ronda. Incluso cuando su billetera está media vacía, no presta atención y pide una y otra ronda. «Todavía tengo dinero de más», dice arrogante.

Finalmente, al acercarse la madrugada le han quedado algunos peniques pero su verso no cambia. En ese momento, un observador que note lo poco que le queda y lo escuche vanagloriarse, concluirá que ha perdido todo sentido de la realidad.

Para nuestra vergüenza nuestro comportamiento es parecido al del borracho de la historia. Cuando un hombre vive sus tempranos veinte años disfruta de su juventud y se divierte a su antojo. Se dice a sí mismo «Aún soy joven, tengo muchos años por delante». Esta idea sigue fija en su mente a los veinticinco, treinta y aún treinta y cinco años, aunque a esa altura de su vida su «billetera» ya está medio vacía. Y sin embargo su Mal Instinto no le permite contemplar su final.

E insensiblemente llegan los cuarenta, los cincuenta y sesenta años. Al aproximarse a los setenta ya siente que sus fuerzas flaquean y que su cabello se ha vuelto blanco. Debería comprender que en poco tiempo deberá comparecer ante el Trono de Gloria y deberá responder por sus hechos, pero se comporta exactamente como el borracho que continúa vanagloriándose y celebrando aunque no le queden más que algunos peniques.

¿Con cuántos ancianos nos hemos topado que no prestan atención alguna a su final? Están ocupados con todo tipo de cosas. Esta es la idea que el versículo resume en unas pocas palabras: «y aún canas le han cubierto y él no lo supo».

Tal es el poder del Mal Instinto. Incluso cuando uno ve con sus propios ojos que sus fuerzas se están agotando y se aproxima el ocaso, lo ignora y actúa como si todo eso no tuviera importancia. Mientras le quede a la persona una gota de fuerza, la tendencia al mal no lo abandona. Por eso es que los Sabios dicen que el hombre debe rezar por la paz (de la tendencia al mal) hasta que el último puñado de tierra ha sido arrojado sobre su tumba.

Lo más sorprendente es que, a diferencia del caso del borracho, en el que alguien que lo vio desde fuera comprendió su necedad, nosotros vemos a ancianos sumergidos en actividades triviales día y noche y no nos parece importante. Nos parece lo más natural del mundo. Esto es porque somos todos como ovejas perdidas.

(TORAT HABAIT, CAP. 14)

16. UN TRABAJO TEMPORARIO Y UN PUESTO PERMANENTE

En *Salmos* (73:25) dice: «¿A quién tengo yo en los Cielos salvo a Ti? Y fuera de Ti nada deseo en la Tierra». Permitidme explicar este versículo con una historia.

El dueño de cierta tienda vio un día pasar al empleado de su competidor. Inmediatamente vio en el rostro del trabajador que algo le sucedía. El tendero se acercó a él y le preguntó cuál era su problema. El trabajador replicó que había sido temporariamente suspendido porque en ese momento no había trabajo.

«¿Por qué no vienes a trabajar para mí entretanto? Te ofrezco tres meses de trabajo a muy buen salario», le ofreció.

El trabajador le preguntó ilusionado «¿Podrías emplearme en forma permanente?» Pero el tendero respondió que desgraciadamente no podía.

«En tal caso», dijo el empleado, «no puedo aceptar tu oferta. He trabajado para el mismo patrón durante muchos años y yo sé que eventualmente necesitará más trabajadores. Si cuando él tenga trabajo para ofrecerme yo no estoy disponible, simplemente tomará a otra persona. Y cuando el período en tu tienda se acabe y yo intente volver a él, probablemente me dirá: '¿Dónde estabas cuando te necesitaba?' y así perderé mi trabajo para siempre. Prefiero sufrir de desempleo durante unos meses que perder un puesto que he conservado durante tanto tiempo».

Así sucede en nuestro caso. El Santo, Bendito Sea, nos ha creado y continúa manteniéndonos. Cada día Él provee nuestras necesidades. De tiempo en tiempo sucede que El Eterno oculta Su rostro de nosotros a causa de nuestras transgresiones. Cuando nuestras fortunas sufren un descalabro, la tendencia al mal inmediatamente aparece y nos propone trabajar para ella. Cuando ésto sucede uno debe preguntarse: «Incluso si el Mal Instinto cumple sus promesas a corto plazo ¿qué sucederá cuando finalice mi breve estadía en este mundo y deba regresar al Cielo? ¿Me ayudará entonces? ¡Por supuesto que no!»

(En realidad, en el otro mundo, el Mal Instinto se convierte en el fiscal. Así está escrito: «Me mostró el sumo sacerdote Josué, el cual estaba delante del ángel de El Eterno y Satán (el acusador) estaba a su mano derecha para acusarle» (*Zacarías* 3:1). Los Sabios nos dicen en el Talmud (*Bava Batra* 16a) que Satán y el Mal Instinto son el mismo poder).

El Talmud también enseña: «Siendo así, forzosamente habré de volver a mi Dueño original al final y Él me preguntará por qué me dirijo a Él sólo en momentos de adversidad: '¿Si Soy el Rey, por qué no has venido antes a Mí' (*Guitin* 57).

»¿A quién pediré ayuda? Estaré rodeado de ángeles santos, cada uno de los cuales puede consumir al mundo entero en llamas con el aliento de su boca. ¿A quién me dirigiré sino al Mismo El Eterno, Fuente de toda misericordia?

»Por lo tanto no puedo permitirme servir a ningún otro patrón, ni aún temporariamente. Vale la pena soportar un período de sufrimiento pasajero en este mundo para poder después refugiarme bajo la sombra de El Eterno en la eternidad».

Este es el significado del versículo: «A quién tengo yo en los cielos», es decir ¿quién en el Cielo podrá ayudarme salvo El Eterno? De aquí que «fuera de Ti nada deseo en la Tierra» —es decir que elijo no servir a ningún otro dueño en esta Tierra.

(NIDJEI ISRAEL, INTRODUCCIÓN)

17. EL RELOJ DEL NOVIO HUÉRFANO

Si la gente pensara que un día deberá comparecer ante el Trono de Gloria y responder por todos sus actos, seguramente evitaría cometer transgresiones. Desgraciadamente el Mal Instinto no nos permite pensar en tales cosas, así como nos impide recordar todas las cosas buenas que El Eterno ha hecho por nosotros durante nuestras vidas, empezando por crearnos y mantenernos a nosotros y a nuestros seres queridos.

A esto alude *Deuteronomio* (32:5): «La corrupción no es Suya, de Sus hijos es la mancha...» En otras palabras, cuando una persona transgrede, sólo se perjudica a sí mismo y no afecta a El Eterno en lo más mínimo (Rashi). El próximo versículo enuncia: «¿Así pagáis a El Eterno pueblo vil e inepto? ¿No es El tu padre que te creó? Él te hizo y te estableció.» (*ibid.* 32:6).

Escuché una maravillosa parábola relacionada a esto del autor de la obra *Kenaf Renanim*:

Hace muchos años, caminaba un hombre por la calle principal cuando vio un bebé abandonado en un montón de basura. El transeúnte se apiadó del bebé y se lo llevó a su casa. Además de estar hambriento y un poco deshidratado, el bebé parecía estar en buen estado de salud. El hombre lo adoptó y lo crió como a un hijo.

Cuando el niño se hizo adulto, su padre lo casó con una joven de excelente familia. Llegó tan lejos con su generosidad que prometió entregarle al novio diez mil dólares para comenzar su vida, una parte de los cuales recibiría un mes después de la boda. También le regaló joyas finas. En resumen, lo trató mejor que muchos padres tratarían a sus hijos biológicos.

Entre los regalos que el padre dio a su hijo adoptivo había un reloj caro. El novio, que era muy vanidoso y arrogante, decidió que el reloj no era suficientemente bueno para él. Se quejó a su benefactor «¿Qué clase de reloj me has dado? ¿Crees que es adecuado para una persona en mi posición? Creo merecerme algo mucho mejor que esto».

Su benefactor replicó: «Por el momento tendrás que conformarte con él. Intentaré comprarte uno mejor, pero créeme que por el momento es todo lo que puedo permitirme.»

El novio, en su arrogancia, comenzó a gritarle a su padre adoptivo, avergonzándolo públicamente. Los presentes, horrorizados, le observaron: «¡Si así te comportas con quien te ha demostrado tanta generosidad, realmente debes ser un canalla! ¿Te has olvidado cómo te recogió y te crió? ¿No te das cuenta de todas las cosas buenas que ha hecho por ti? ¡Deberías tener una deuda de gratitud con él incluso si no te hubiese dado reloj alguno!

»Pero también eres un tonto. Si debías pelearte con él deberías haber esperado por lo menos hasta recibir tu dote. Aún no has recibido ni siquiera el dinero por la boda, pero después de lo que has hecho, probablemente no te dé ni un penique».

Así nos sucede a nosotros, sólo que mil veces peor. El Santo, Bendito Sea, suple las necesidades del hombre desde el día en que es concebido. Forma sus 248 miembros, y sus 365 tendones y lo alimenta y mantiene hasta que crece. Aunque el hombre viviera mil años y dedicara todos y cada uno de esos días a alabar y exaltar a El Eterno, no lograría retribuir todas las bondades que El Eterno le otorga en un solo día de su vida.

Lo que El Eterno hace por nosotros en cada instante es increíble, pero si uno considera el encumbramiento del benefactor y la vileza de los beneficiarios, esos actos son infinitamente más asombrosos. Y pese al abismo que nos separa, Él nos ha elegido para darnos Su Torá, su más valioso regalo, a través del que constantemente nos habla, como el padre que le habla a su hijo único. Incluso El ha declarado Su amor a nosotros: «Yo os he amado, dice El Eterno» (*Malaquías* 1:2).

Dado Su gran amor El Eterno requiere que «elijamos la vida» obedeciendo Sus preceptos para poder merecernos Su cercanía eterna y recibir de Él regalos infinitamente mejores que los que ya nos ha dado. ¿Puede haber un abrazo más dulce?

Por lo tanto una persona debe ser extraordinariamente depravada para olvidar lo que El Eterno ha hecho por él. Pero también debe ser sumamente tonta. Probablemente es el Mal Instinto el que le impide recordar su deuda con su Creador.

Y sin embargo, si fuera sabio, haría el siguiente cálculo: «Ahora estoy solamente en la 'antesala' (es decir en este mundo). Como el novio de la historia, aún no he recibido mi verdadera 'dote', es decir la vida en el Mundo Venidero. Un día entraré en la verdadera 'mansión' (es decir el otro mundo) y dependerá solamente de El Eterno si podré en-trar al Paraíso y recibir el tesoro destinado a los justos. También mi resurrección dependerá de Su misericordia cuando llegue la resurrección de los muertos. Esto implica una misericordia mucho mayor que recibir el sustento en este mundo, como decimos en nuestras plegarias: 'Él provee por los vivientes con Su gracia, Él resucita a los muertos con gran misericordia'.»

»Si me enajeno de El Eterno en este mundo por mi ingratitud, Él se enajenará de mí en el próximo. ¿Quién se apiadará de mí entonces?»

Ese es el significado del versículo: «¿Así pagáis a El Eterno pueblo vil e inepto?» Sois viles por haber olvidado las múltiples bondades de todo lo que El Eterno ha hecho por vosotros, como continúa diciendo el versículo: «¿No es Él tu padre que te creó? Él te hizo y te estableció». E inepto, deberías haber considerado las bondades que Él aún te reserva: el período mesiánico y el Mundo Venidero.

Uno debe poner todas sus esperanzas en El Eterno. Nadie más que Él puede salvarlo. Cuando un hombre transgrede en este mundo, se imagina que puede escapar de la Presencia de El Eterno y desentenderse de Él. Pero en el Mundo Venidero la vergüenza lo dominará cuando deba suplicar frente al Trono de Gloria por su resurrección y los otros dones.

Casi todo lo que hemos dicho sobre estos versículos es discutido por Rashi en su comentario con la admirable concisión que lo caracteriza.

(NIDJEI ISRAEL, CAP. 2)

18. LA PRINCESA QUE SE CASÓ CON UN CAMPESINO

Desgraciadamente hemos visto suceder cosas como éstas una y otra vez. Una persona honesta, temerosa de Dios, llega a las costas de una de esas tierras en las que los valores religiosos son pisoteados. Al principio se siente consternado. Maldice el día en que se vio obligado a ser testigo de tanta depravación con sus propios ojos y su única esperanza es que El Eterno le permita huir de allí lo más rápido posible. Cae en cuenta que jamás podrá traer a sus hijos a esa tierra, pues corren peligro de asimilarse y perder todos sus valores espirituales, el Cielo lo prohiba.

A medida que pasa el tiempo, sin embargo, su punto de vista comienza a cambiar. No sólo no piensa en irse sino que eventualmente trae a sus hijos. ¿Cómo sucede ese cambio? ¿Es que los preceptos y la Torá repentinamente perdieron su valor? ¡Por supuesto que no! La Torá es inmutable. Es su propia sensibilidad a los asuntos espirituales la que se ha anquilosado con el tiempo. Su alma se ha acostumbrado gradualmente a sus alrededores y se ha rebajado.

El alma en este mundo puede ser comparada a una princesa que se casa con un campesino. (Esta comparación la hacen los Sabios respecto al versículo: «Tampoco el alma se saciará»)

En su vida anterior la princesa estaba acostumbrada a las habitaciones espaciosas y elegantes del palacio de su padre. Su vestimenta era del más fino brodado y de seda y su comida era suntuosa y nutritiva.

Después de casarse con un campesino, la princesa sabe que ahora debe residir como su esposa en su pueblo natal. Cuando llega a la casa del campesino y ve ese cuartucho oscuro, atiborrado y húmedo que él llama su hogar, se estremece sólo con pensar en poner un pie adentro. Le es incluso más difícil vestir las burdas vestimentas de campesina o probar la ruda comida. Está convencida que no le sentará bien, dada su delicada constitución. «Mejor morir que vivir de esta manera», piensa.

Eventualmente se va acostumbrando a todas estas cosas y olvida sus anteriores riquezas y honores. Vive cómodamente en la casa del campesino, usa la ropa que él le proporciona, come su comida y se asemeja en todos los aspectos a las mujeres del pueblo. De hecho es como si siempre hubiera vivido así.

Así le sucede al alma. Cuando un hombre observa un precepto o estudia la Torá, su alma se llena de alegría. Cuando comete una transgresión, se entristece inmediatamente por haber caído en falta. Los Sabios nos dicen que los malvados están cargados de remordimientos.

La razón de todo esto es que el alma humana tiene sus raíces en los niveles más altos del Cielo. Emana directamente del palacio del Rey. Allí, en el palacio, el mayor placer que un alma conoce es el goce que deriva del saber de la Torá y de la luz que emite cada precepto.

Por ello el daño enorme que resulta de cada desviación es evidente. Cada transgresión provoca una mutilación en la parte del cuerpo mediante la que actuó. Por ejemplo, si la transgresión ha sido cometida con sus manos y pies, sus manos y pies espirituales resultarán mutilados. Si ha transgredido con sus ojos, puede volverse ciego (ceguera espiritual, por ejemplo, puede significar que será incapaz de ver a la Presencia Divina en el Mundo Venidero), y así sucede con los otros órganos.

Cuando un hombre observa un precepto en este mundo, su alma se deleita profundamente hasta su raíz. Esto a su vez trae alegría a su alma aquí abajo también, ya que el alma que existe en este mundo es una rama que brota de la raíz allí arriba. Por lo tanto el alma experimenta alegría aquí, aunque no sea consciente de la enorme alegría experimentada en su raíz. De la misma forma, cuando un hombre transgrede, su alma experimenta una tremenda tristeza, porque en su raíz reconoce el enorme daño infligido.

Cuando un hombre llega a un país en el que los mandamientos de la Torá, como la prohibición de afeitarse con una navaja, son pisoteados, su alma tiembla. Como el alma conoce las dimensiones del daño espiritual que se está infligiendo, es como si viera la amputación de sus miembros. El horror es mayor cuando es testigo de violaciones cuyo castigo es la excisión (*karet*), tales como la violación del Shabat o el Yom Kipur. Es como ver a una banda de degolladores asesinar a su víctima delante de sus propios ojos.

Pasado el tiempo, sin embargo, el alma se acostumbra al nuevo entorno. La persona aprende a comportarse como sus vecinos. Gradualmente va perdiendo sensibilidad a la santidad, y su alma olvida completamente el daño que sufre cada vez que la persona comete una transgresión. Finalmente su alma lo impulsa a traer a sus hijos. (A este proceso alude el dictamen: «Una vez que un hombre ha transgredido y repetido su transgresión, ésta se convierte para él en permitida»).

Y sin embargo, un hombre temeroso de Dios aún tiene libre albedrío. Siempre puede pedirle a El Eterno que lo ayude a regresar a su país natal y a criar a sus hijos en una atmósfera de Torá y de temor al Cielo. Entonces será bendecido en este mundo y en el venidero, porque El Eterno no abandona a quienes respetan Su pacto y Sus mandamientos.

(NIDJEI ISRAEL, CONCLUSIÓN)

19. CUÁNDO VESTIR LAS MEJORES GALAS

Si un hombre está realmente preocupado por su apariencia, debería dedicar más tiempo a embellecer su alma que a ornamentar su cuerpo. De todas formas el cuerpo está destinado a convertirse en polvo, en comida de gusanos, así está escrito en la Mishná, en el *Tratado de Padres* (3:1), tal como lo hemos analizado previamente.

Cada vez que la tendencia al mal te induce a preocuparte excesivamente por tu apariencia física, recuerda que tu belleza terrenal está destinada a ser comida de gusanos. Una vez en la tumba tu belleza no te proporcionará más placer. Más aún, llegará el día en que deberás rendir cuentas por haber perdido tanto tiempo y energía en tu vanidad física. El embellecimiento del alma, por otra parte, produce placer eterno.

Considerad la siguiente situación:

Cierto campesino solía usar sus mejores galas cuando estaba con sus compañeros en la aldea, pero cuando iba a la ciudad, donde se encontraba con gente más refinada, se vestía de harapos. Era obvio que su comportamiento era absurdo. Entre sus amigos del pueblo la ropa corriente hubiera sido adecuada, debiendo destinar sus mejores galas para su interacción con gente más culta.

Tú, que te preocupas en exceso por tu apariencia exterior, te pareces a este campesino. Todo este mundo es como una pequeña aldea en comparación con el Mundo Venidero. Los ángeles y las almas que residen allí son enormemente refinados y santos. Cuando el alma de un hombre asciende al otro mundo donde se encontrará con estos nobles seres, debe engalanarse con sus mejores vestimentas tejidas de preceptos.

Tú, por otro lado, haces justamente lo contrario. Embelleces tu cuerpo efímero y terrenal, que sólo viaja en compañía de otros seres mortales, y eres negligente con tu alma inmortal, cuyo hogar está en el mundo superior entre la verdadera nobleza. Tu comportamiento es igual al del campesino de la historia.

Los Sabios nos dicen: «Este mundo es como la antesala del Mundo Venidero. Prepárate en la antesala para entrar adecuadamente a la mansión». En otras palabras, mientras estás en la «antesala», concéntrate en aquellos aspectos de tu apariencia que tendrán importancia cuando entres a la sala principal.

(TIFERET ADAM, CAP. 6)

20. TIEMPO DE FUEGO

Algunas personas se afeitan porque temen hacer el ridículo ante sus colegas, para quienes esta costumbre se ha transformado en norma. [Esto se refiere a afeitarse con una navaja, violando la prohibición «...ni dañaréis la punta de vuestra barba» de *Levítico* 19: 27]. Qué justificación patética para transgredir varias de las prohibiciones de la Torá con cada golpe de navaja.

Para ilustrar lo antedicho imaginad que...

Tarde, una noche un hombre miró a través de su ventana y vio que la casa de su vecino estaba ardiendo. Rápidamente salió de su casa y se acercó a la ventana del dormitorio del vecino y comenzó a golpear y gritar «¡Levántate, sal de la casa! ¡Tu casa está ardiendo, te vas a quemar vivo!»

Mirando a través de la ventana se asombró al ver que su vecino se estaba tomando las cosas con calma, primero se vistió, después se lavó la cara y alisó su vestimenta, como si fuera una mañana como cualquier otra. Le explicó a su atónito amigo: «Es que no puedo salir a la calle así. La gente se reiría de mí».

Al escuchar esa ridícula respuesta, el héroe de nuestra historia le gritó al vecino: «¡No seas idiota! ¿Te vas a morir para evitar que se rían de ti otros tontos como tú?

El hombre que se rasura para evitar el ridículo se comporta exactamente como el tonto que prefiere quemarse vivo a que lo vean despeinado. Sabe que si viola los mandamientos de El Eterno será devorado por los fuegos del Infierno –*Gehenom*. ¿Por qué lo hace, entonces? ¡Sólo para evitar las risas de unos pocos tontos! Los Sabios nos dicen que es mejor que nos crean tontos durante toda nuestra vida que ser considerado malvado por el Omni-presente durante un instante. ¿Qué importancia tiene el tiempo que pasamos en este mundo en comparación con ese instante en el que compareceremos ante nuestro Creador el Día del Juicio?

Este principio es aplicable no sólo a la prohibición de afeitarse, sino a todas los preceptos. Uno nunca debe flaquear en sus convicciones por miedo a las burlas.

El rey Salomón escribió: «Si como a la plata la buscares... Entonces entenderás el temor de El Eterno y hallarás el conocimiento de Dios» (*Proverbios* 2:4-5). Debemos aprender de quienes van detrás del dinero. Cuando un hombre comienza un negocio, todos los veteranos en el oficio se burlan de su falta de experiencia. Pero si es listo los ignorará y se concentrará en elegir las mejores inversiones.

Muy pronto comenzará a ver los dividendos y entonces será su turno de replicar: «Si hubiera prestado atención a vuestras burlas y abandonado mi nueva empresa, hubiera perdido la oportunidad de conseguir estas ganancias».

Si esto es cierto en los asuntos de este mundo, lo es mucho más en lo que respecta a la recompensa eterna. Al principio los amigos se burlarán de él diciendo: «¿Cuándo se volvió tan religioso y comenzó a rezar tres veces al día?» Esto es precisamente lo que describen los pasajes bíblicos respecto al rey Saúl. Cuando el espíritu de la profecía se estableció en él, la gente decía asombrada: «¿También Saúl entre los profetas?» (*I Samuel* 10:11).

Pero cuando llega el momento de recibir su recompensa ¿qué dirán entonces sus compañeros, especialmente si ellos mismos están alejados de la Torá y los preceptos? Verán que su compañero, que se alejó de ellos para servir a Dios, recibe su justa recompensa. Entonces sus burlas se convertirán en vergüenza y desgracia y se castigarán a sí mismos por su necedad.

(TIFERET ADAM, CAP. 7)

21. EL ERROR DEL REBELDE

Leemos en *Isaías* (40:6,8): «Voz que decía: 'Da voces'. Y yo [Isaías] respondí: '¿Qué tengo que decir a voces?' (La voz respondió) 'Que toda carne es hierba ... La hierba se seca y la flor se marchita... más la palabra del Dios nuestro permanece para siempre'».

La palabra de El Eterno encarnada en Su Torá nunca será obsoleta y nunca será modificada, prohíbalo el Cielo. Si alguna gente necia ha decidido abandonarla no tiene importancia. ¿Qué significan ellos en comparación con la palabra del Dios viviente? Son mortales de vida limitada. Son como la flor del campo, que vive un día al sol y después se marchita. Sus tontas ideas no pueden alterar el mundo del Dios viviente.

Considerad nuestras conmemoraciones de los milagros de las fiestas de Purim y Januka. Más de dos mil años han transcurrido desde que esos eventos tuvieron lugar y durante todo ese tiempo no ha pasado un solo año en el que los preceptos no hayan sido observados aunque sean meras ordenanzas rabínicas. Quien sea tan tonto que se atreva a cambiar aunque sólo fuera un solo mandamiento de la Torá será juzgado llegado el momento.

Imaginad que un poderoso rey conquista el mundo entero. Envía copias de sus edictos y decretos reales a los cuatro rincones del mundo, haciendo que su voluntad sea conocida por todos. Un día, algunos de sus súbditos están sentados en torno al fogón conversando. Uno de ellos dice a sus compañeros «¿Por qué tolerar los gravámenes e imposiciones de este rey? ¡Comencemos a comportarnos como si no existiera!»

En ese grupo había un hombre inteligente, que respondió de inmediato: «¡Imbéciles! ¿Vosotros creéis que si pretendiéramos que no hay rey, el rey dejará de existir? El rey tiene cientos de miles de soldados a sus órdenes, con sus sofisticadas armas un solo soldado podría destruir la ciudad entera. Deja entonces de decir tonterías. Si sirves lealmente al rey, él se hará cargo de tu bienestar».

Así es en nuestro caso. El Eterno es el Rey del universo entero. Millones de ángeles que lo sirven se encuentran ante Su Trono, como lo describe el profeta Daniel: «millares de millares lo servían y millones de millones asistían delante de El» (*Daniel* 7:10).

Todos estos ángeles tiemblan de temor ante El Eterno y todos ellos proclaman Su Santidad al unísono una vez al día, como lo explica Rashi acerca del versículo: «Y el uno al otro daban voces diciendo: ¡Santo, Santo, Santo, El Eterno de los ejércitos: toda la Tierra está llena de su gloria!» (*Isaías* 6:3). Esta idea está incluida en nuestras plegarias diarias: «Y todos en unísono proclaman Su Santidad y dicen temerosos, etc.»

El *Tanna Devei Elyahu* explica que 496.000 millones de ángeles de servicio dicen la frase «¡Santo!» y otros 496.000 millones responden «¡Bendito!»

Cuando Sanaquerib sitió Jerusalén, trajo consigo 185 generales, el que menos comandaba 2000 tropas y sin embargo El Eterno envió un solo ángel que los destruyó en un instante.

¿Cómo es posible imaginar que los mandamientos del Rey del universo son obsoletos porque unos pocos tontos que no se preocupan por sus almas han decidido transgredirlos?

El Eterno nos advierte: «Porque he aquí que viene el día ardiente como un horno y todos los soberbios y todos los que hacen maldad serán estopa: aquel día que vendrá los abrasará... Más a vosotros los que teméis Mi nombre, nacerá el sol de la justicia y en sus alas traerá salvación...» (*Malaquías* 3:19-20).

(TIFERET ADAM, CAP. 8)

22. LA DEFENSA DEL REBELDE

Por más ridículo que suene, alguna gente intenta justificar el que se rasuran la barba con la más absurda racionalización: «Al fin y al cabo no soy el único en esta ciudad que se afeita (con navaja)».

¡Imaginad que alguien intenta usar ese argumento en una corte de justicia!

Se presentó una denuncia de la oficina del fiscal del estado contra un joven que era miembro de un grupo de insurgentes involucrados en actividades subversivas. Colaboradores de dentro de la oficina informaron al acusado de que en poco tiempo la fiscalía del estado enviaría a sus agentes para arrestarlo. Al comprender que si era condenado de ese crimen estaría en prisión muchos años intentó desesperadamente inventar alguna historia que desviara la atención del gobierno de su persona y que pareciera como si alguien lo hubiera incriminado injustamente. Una cosa le quedaba bien clara y es que en el momento del juicio la defensa que presentaría al juez no sería: «No me merezco el castigo porque otros también lo han hecho». Porque sabía que ante una defensa tan ridícula el juez simplemente respondería: «Bueno, tenemos una prisión suficientemente grande para todos vosotros».

También el Talmud enseña que el Infierno –*Gehenom*– es suficientemente grande para devorar a todo el mundo varios miles de veces (*Pesajim* 94). Puede absorber varios miles de transgresores, dejando una distancia de cientos de millas entre uno y otro, de modo que nadie escucha a nadie lamentarse dolorido y desesperado. Este es el destino de quien se rebela contra la voluntad de El Eterno.

(TIFERET ADAM, CAP. 9)

23. EL BORRACHO QUE SE VOLVIÓ SOBRIO

Lamentablemente se ha puesto de moda que grupos de gente joven vayan juntos al barbero para que éste afeite sus aladares y barbas. Han perdido toda vergüenza al respecto. Lo podemos comparar a una persona que se intoxica y pierde todo sentido de la realidad.

Un pobre borracho estaba tirado al borde del camino en un estado de total intoxicación. No paraba de murmurar que el mundo entero le pertenecía y deliraba acerca de lo feliz y afortunado que era. Así siguieron las cosas hasta que se le pasó la influencia del alcohol. Ya sobrio, cayó en cuenta que estaba tirado en una zanja entre basura y suciedad. Mirándose consternado no podía entender cómo el Mal Instinto lo persuadió de seguir bebiendo hasta llegar tan bajo.

Mientras el hombre está lleno de deseos por los placeres mundanales, su razonamiento se obnubila y es incapaz de comprender cuán bajo ha caído, cómo se ha hundido en la inmundicia. [Es decir que el espíritu de impureza lo envuelve de pies a cabeza y sus vestimentas espirituales están manchadas con transgresiones. (Véase *Zacarías* 3:4: «Quitadle esas vestiduras viles.»)]

Pero cuando el cuerpo comienza a flaquear y deja de ser un esclavo de sus deseos, se verá a sí mismo y comprenderá que sus pasiones lo han arrastrado a un árido desierto. Gemirá pensando en lo que le espera, pero ¿para qué le servirá? El rey Salomón advierte en *Proverbios* (5 11-12): «Y gimas al final cuando se consuma tu carne y tu cuerpo y digas: ¡Cómo aborrecí el consejo!»

(TIFERET ADAM, CAP. 9)

24. EL TEMOR A LOS FUNCIONARIOS DEL REY

Cuando un integrante del pueblo de Israel entra en una barbería a afeitarse no sólo está violando aquellas prohibiciones de la Torá que le prohiben cortar su barba, sino que el barbero transgrede asimismo esas mismas prohibiciones.

Es asombroso que el barbero viole voluntariamente cinco y hasta siete prohibiciones para ganarse unos cuantos dólares. Sólo afeitar la barba implica la violación de cinco prohibiciones y si afeita las sienes viola otras dos. Si se trata de su oficio y los clientes llegan a diario, en el transcurso de una semana acumulará cientos de transgresiones. En el curso del año habrá agregado miles de ofensas a la Torá a su plantilla. ¡Ay del hombre dispuesto a ser denominado «malhechor» y a condenar su alma al Infierno –*Gehenom*– por un puñado de dólares!

Como lo hemos mencionado, el castigo de una hora en el *Gehenom* es peor que todos los sufrimientos de Job durante toda su vida. Pero el barbero está dispuesto a arriesgar las torturas más dolorosas por tan poca ganancia. ¿Puede haber algo más tonto que esto?

Por qué, nos preguntamos, el barbero está dispuesto a infligiese a sí mismo tales castigos. La respuesta es que, generalmente hablando, el barbero transgrede por la misma razón que sus clientes: ignorancia. Su sensibilidad disminuye dado a que mucha gente se ha acostumbrado a pasar por alto las prohibiciones. Ninguna de las partes entiende la seriedad del acto. Ni se dan cuenta de que cada vez violan cinco prohibiciones de la Torá, que son llamados «malhechores» y por lo tanto no pueden servir de testigos o jurar ante una corte. Ni piensan en el *Gehenom* que se están preparando.

El hecho de que sus amigos hagan lo mismo no les ayudará en lo más mínimo. El castigo que reciban sus amigos no hará el propio más llevadero.

El barbero tiene un motivo adicional, ganancias. La tendencia al mal lo persuade que si se niega a afeitar a sus clientes perderá su sustento. Por varias razones esta línea de pensamiento es falsa.

Imaginad la siguiente situación:

Un mayorista ofrece a un comerciante cierta valiosa mercadería acerca de la que se dice que fue robada de la tesorería del rey. Imaginaos el debate que tendrá lugar en la cabeza del comerciante: por una parte, podría revenderla y obtener muy buenas ganancias, por otra parte sabe que los soldados del rey han comenzado a registrar casa por casa y sabe que en cualquier momento llegarán a la suya.

En tales circunstancias ¿aceptará la mercadería robada? ¡Por supuesto que no! E incluso si su mujer se lo ruega por el bien de sus hijos, él le dirá: «¿No entiendes que en cualquier momento los soldados llamarán a la puerta? ¿Quieres verme arrestado y torturado en los calabozos del rey? Ni siquiera por el bienestar de mis hijos debo llegar a tal extremo».

La misma lógica debe ser aplicada en nuestro caso. Ciertamente, sabemos que todas y cada una de las acciones de una persona están anotadas en el libro mayor de El Eterno, como está escrito: «Porque Dios traerá toda acción a juicio, hasta la más oculta.» Cada vez que un hombre transgrede, recibe otra amarga sentencia, cada violación crea otro ángel para castigarlo en el *Gehenom*, como lo enseña la Mishná, «Quien comete una única transgresión adquiere un único fiscal».

¿Realmente considera que vale la pena infligirse tales amargas aflicciones para alimentar a su familia cuando el dolor que sufrirá será miles de veces peor que cualquier cosa que puedan hacerle los oficiales del rey? No hay prohibición alguna, ni la más mínima que sea posible ignorar para ganarse la vida y definitivamente la transgresión de estas prohibiciones no es una infracción menor.

El *Shuljan Aruj* decreta que una persona ha de perder todo lo que debe antes que violar un mandamiento negativo. Eso es lo que significa el versículo que recitamos cada día en el *Shemá*: «Y amarás a El Eterno tu Dios con todo tu corazón, con toda tu alma y con todos tus recursos». Aunque tu familia empobrezca y carezca incluso de las necesidades básicas, aún deberás entregar todo lo que posees antes de transgredir. Está de más decir que no se puede transgredir para obtener ganancias.

Más aún, al creer el barbero que su subsistencia está en peligro está demostrando su falta de fe en El Eterno. El Eterno sustenta al mundo entero y los ingresos de cada uno se determinan todos los años en Rosh Hashana –Año Nuevo. Es obvio que cuando El Eterno decreta cuál será tu ingreso la intención es que lo ganes en forma permitida. Y es tu propia decisión la de ganarlo en forma prohibida.

(TIFERET ADAM, CAP. 12)

25. LAS LÁGRIMAS DEL MUTILADO

Alguien que ya ha violado una prohibición de la Torá podría pensar que, habiendo ya transgredido, no importa demasiado si transgrede otras prohibiciones. La verdad es justamente la contraria: debería cuidarse más y evitar violar otras prohibiciones.

Permitidme explicarlo con una parábola:

Un hombre estaba hospitalizado con una aguda infección en uno de sus brazos. Los doctores le informaron que la infección era gangrenosa y le recomendaron amputar el miembro antes de que la toxicidad se expandiera. El hombre pidió que el mejor cirujano disponible realizara la operación.

Desgraciadamente al poco tiempo se descubrió que tam-bién el otro brazo estaba enfermo y era necesario amputarlo. El hombre se deshizo en lágrimas consternado rogándole al médico: «¿No hay forma de salvar el otro brazo?»

El médico, sorprendido ante la reacción del paciente preguntó: «¿Por qué reaccionaste con tanta más consternación ante la pérdida de este brazo que ante la pérdida del anterior?»

Su paciente respondió: «Debes entender que cuando me amputaron el primer brazo me consolé con la idea de que aún me quedaba un brazo. Pero si pierdo el otro mi vida será insoportable.»

Esta debería ser la actitud de una persona en lo que respecta a sus miembros espirituales. En otras palabras, si un hombre ha dañado uno de sus miembros espirituales transgrediendo los preceptos de la Torá ¿debe sacrificar también otro? Como lo hemos discutido anteriormente, cada uno de los preceptos de la Torá corresponde a un diferente miembro del cuerpo, que a su vez corresponde a un miembro del alma. Cuando uno se desentiende de alguno de los preceptos, uno de sus miembros queda mutilado. Si la persona ya ha transgredido cierto número de preceptos y así ha mutilado los miembros correspondientes, debe cuidarse particularmente en observar los restantes preceptos, para que el resto de sus miembros permanezcan enteros en el Mundo Venidero.

(DAVAR BEITO, CAP. 6)

26. DOS SOCIOS

Hay gente que no dona para caridad con la excusa de estar atravesando una época de gastos elevados, pero este argumento es una falacia. El que las cosas cuesten tanto más hoy día aumenta nuestras obligaciones. En otros tiempos, cuando se precisaba tan poco para vivir y se compraban solamente las cosas más básicas como pan y vestimentas (ropa simple para cubrir el cuerpo y no galas a la moda), entonces era suficiente con dar una suma mínima para caridad.

Hoy, sin embargo, hay personas que suelen gastar una gran parte de su capital en lujos y en ornamentos de moda para sí mismos y para sus familias. Incluso los zapatos, que están en el lugar más bajo, se han convertido en un artículo de moda. (Lo que gasta una persona durante un año en zapatos hubiera alcanzado en otro tiempo para su entero vestuario). La gente asimismo gasta dinero en casas de lujo llenas de sirvientes. En estas circunstancias uno debe cuidarse y no referirse a la caridad, que será su salvación en el Mundo Venidero, como algo de menor importancia que alguno de sus lujos frívolos. A esto alude la afirmación de los Sabios, que en el Mundo Venidero, el Santo, Bendito Sea, amonestará a cada persona de acuerdo a sus haberes.

Uno está dispuesto a gastar por encima de sus posibilidades en todo tipo de «extras» para su familia. Cuando alguien le pregunta por qué lo hace, él replica que no tiene otra alternativa, al fin y al cabo no puede permitir que su familia se sienta privada. Pero cuando alguien viene a pedirle dinero para caridad –*tzedaka*– revisa sus finanzas y declara que no es capaz de dar. Cuando llega el momento de dar caridad, se declara pobre y no da ni lo mínimo que se espera de él.

Considerad la siguiente historia:

Dos socios, Rubén y Shimón, invirtieron juntos en un negocio. Hicieron un acuerdo según el cual cada uno podía sacar de las ganancias lo suficiente para cubrir las necesidades de su familia. El resto de las ganancias sería reinvertido en el negocio, del que eran propietarios en partes iguales.

Con el paso del tiempo el negocio se hizo cada vez menos lucrativo y finalmente no cubría sus gastos. Los socios convocaron una reunión de emergencia y decidieron que de ahí en adelante no sacarían sino lo necesario para cubrir sus necesidades básicas.

Un día, cuando Shimón iba a sacar su salario semanal, Rubén lo detuvo y le dijo que se estaba llevando más de lo necesario. Tendría que conformarse con menos.

La próxima vez que examinaron sus libros, descubrieron que una gran parte de los bienes de la compañía faltaban y casi no quedaba nada. Al parecer Rubén no había reducido en nada sus propios gastos. Había seguido gastando dinero en lujos, como si fuera un ricachón. Rubén sólo había impuesto el presupuesto de austeridad a su socio, Shimón. Había obligado a Shimón a rendir cuentas por cada centavo extra y había insistido que podía arreglarse con menos. Shimón se había visto reducido a una vida de mendigo, sin suficiente comida, zapatos o ropa. En el momento en que terminaron la sociedad no había dinero suficiente ni para una comida. Rubén había gastado todas sus ganancias y bienes, en sus propios lujos personales.

Cuando Shimón se dio cuenta de lo que había sucedido recriminó a Rubén: «¡Ladrón, canalla, por qué amargaste mi vida! ¿Qué te hice para que me obligues a vivir como un mendigo mientras tú me engañabas y robabas mi dinero para gastarlo en frivolidades?»

El mensaje de esta historia es claro. Un hombre está compuesto por dos partes: cuerpo y alma. A cada una debe darle lo suyo. Por lo tanto debe dividir sus recursos entre ambas. Debe dedicar parte de su tiempo a las necesidades de su cuerpo: comida, ropa y vivienda. El resto de su tiempo debe ser invertido en las necesidades de su alma: el estudio de la Torá y la observación de los preceptos. Torá y preceptos son el alimento del alma, como está escrito: «Por lo tanto guardaréis Mis estatutos... los cuales haciendo el hombre vivirá en ellos» (*Levítico* 18:5).

Las dos «tendencias» son designadas guardianas de esta sociedad. La tendencia al mal (el Mal Instinto), representado por los apetitos y deseos del hombre, guarda los intereses del cuerpo, para asegurar que el alma no prive al cuerpo. La tendencia al bien (el Buen Instinto) cuida los intereses del alma, vigila que no se vea privada de su sustento.

Hoy, cuando nuestros recursos materiales se han reducido, ambos socios deben apretarse el cinturón. Uno debería intentar reducir en lo posible las necesidades físicas porque las ganancias ya no alcanzan a cubrir más que esto.

Uno tiene asimismo menos tiempo para la Torá hoy día que cuando nuestra situación económica era mejor. Y nuestros recursos reducidos nos exigen ser más frugales también en asuntos de caridad actualmente, aunque se trate del sustento del alma.

Pero cuando un hombre intenta poner esto en práctica, resulta que cada vez que está por sentarse a estudiar un rato, dar algo de caridad o hacer alguna buena acción, el Mal Instinto se adelanta y lo impide. Lo reprende diciéndole que no tendría que dedicar tanto tiempo a cosas espirituales. Debería invertir más tiempo ganándose la vida para suplir las necesidades del cuerpo. Así es como el Mal Instinto amarga la existencia del alma. En cada encrucijada y con respecto a cada precepto la tendencia al mal interfiere hasta que mediante engaños logra privar al alma de su subsistencia. Se empobrece de Torá y preceptos.

Si una persona fuera tan frugal en lo que respecta al cuerpo, la injusticia no sería tan grande. Pero en lo que concierne a sus necesidades materiales el Mal Instinto no le permite reducirse. Continúa gastando en todo tipo de placeres y halagos para sí y para su familia, incluso más que antes. Y como estas cosas son muy caras y los recursos son más limitados, debe esclavizarse día y noche para pagarlos. Como resultado no tiene elección sino robarle tiempo y energía a las necesidades del alma. El alma termina llegando al Mundo Venidero sin alimentos ni vestiduras espirituales, que provienen del estudio de la Torá y del cumplimiento de los preceptos.

Cada vez que la tendencia al mal priva al alma de su subsistencia de Torá y preceptos, ésta se angustia extremadamente. Pero su sufrimiento será aún mayor en el Mundo Venidero, cuando caiga en la cuenta que ha sido engañada y la han privado de la luz y el honor que debería haber disfrutado por toda la eternidad.

A esto alude *Oseas* (7:9): «Devoraron extraños su fuerza y él no lo supo y aún canas le han cubierto, y él no lo supo». El «extraño» es el Mal Instinto (la tendencia al mal no nos tiene cariño alguno, más aún, finalmente se convertirá en nuestro acusador). El deseo, la lujuria y la ira son sus emisarios. Devora nuestras fuerzas y no permite que el alma use ninguna de nuestras facultades en su propio beneficio. Y aunque esta situación es evidente, la persona la ignora. Incluso en su vejez, cuando sus facultades comienzan a debilitarse y sabe que le queda poco tiempo para cultivar su alma, aún no presta atención a la injusticia cometida. Permite al extraño apoderarse de su último gramo de fuerza, para no dejar nada a su alma.

Una persona sabia, por otra parte, se da cuenta de que el Mal Instinto es su peor enemigo y se niega a escucharlo. Actúa con equidad y justicia. Minimiza sus gastos en lujos, lo que le deja tiempo para dedicar al estudio de la Torá y es capaz de donar dinero para ayudar a viudas, huérfanos y los pobres, así como a otras causas válidas. Y así adquiere un buen nombre en este mundo y una buena porción del Mundo Venidero.

(DAVAR BEITO, CAP. 20)

27. PERLAS EN LA COSTA

El siguiente dictamen aparece en *Avot Derabi Natan* (cap. 27): «(Rabi Iojanan ben Dahabai) solía decir: 'No evites una medida ilimitada o una labor interminable. ¿A qué podemos compararlo? A una persona a quien se ha asignado la labor de recoger agua del mar y verterla en la tierra seca, el mar no disminuye ni la tierra se llena de agua. Cuando el hombre se impacienta le dice un espectador: '¡Qué tonto! ¿Por qué te impacientas? De todas formas te pagan una moneda de oro a diario'.»

En este breve párrafo Rabi Iojanan enseña que no debemos rehuir una labor sólo porque parezca interminable. La «medida ilimitada» se refiere a protegerse de calumniar. La tendencia al mal intenta convencer a la persona que ni aprenda las leyes contra la calumnia, observando que evitar hablar calumnias –*lashon hara*– es una empresa totalmente imposible.

El Mal Instinto pregunta para desalentarnos: «Después de todo ¿alguna vez terminarás con eso? ¿Es posible evitar calumniar todos el día, todos los días? Tendrás suerte si logras hacerlo durante dos días, y también entonces ¿crees que lograrías controlar cada detalle? ¡Sé realista! ¡Tú eres un hombre del mundo! ¡Tienes relaciones con cientos de personas! Mejor que ni comiences con este asunto, porque si lo comienzas verás que no tiene fin. Tendrás que controlar cada palabra que te salga de la boca, en todo momento, bajo cualquier circunstancia, por toda tu vida. Y concierne toda interacción que tengas con otras personas.»

Ahora, con la ayuda del Cielo te daré algunos argumentos que pueden ser usados como armamento en la lucha contra los ataques del Mal Instinto. Ante todo, en lo que respecta a observar estas leyes por más de un día o dos. Responde así: aunque así fuera ¿es esa una razón para no comenzar?

Considerad la siguiente analogía:

Un hombre caminaba una vez por la costa y notó que el mar había depositado perlas y otras gemas en la arena. Aunque fuera rico, y más aún si fuera pobre ¿es concebible que dejara de recoger las gemas por falta de tiempo? Tal argumento sería adecuado en el caso de cosas de ínfimo valor, pero no perlas y gemas, porque unos momentos recogiéndolas le aportaría mayores beneficios que meses de recoger cosas de menor valor.

De la misma forma, el Gaón de Vilna escribe, en nombre del Midrash, que cada momento en que uno logra controlar sus palabras, gana una inimaginable porción de la luz que esta reservada para los justos. Este Midrash no habla de meses, de semanas, ni siquiera de días u horas ¡sino de un único momento!

Éste es el significado del versículo: «Y si como la plata la buscares, y la escrudiñares como a tesoros, entonces entenderás el temor de El Eterno, y hallarás el conocimiento de Dios» (*Proverbios* 2:4-5). Uno debe buscar el último objetivo de la vida (Torá y preceptos) como buscaría plata o un tesoro enterrado.

Esto es lo que Rabi Iojanan intenta enseñarnos cuando nos insta a no evitar una labor aparentemente interminable; uno debe considerar que lo que logremos es una gran oportunidad para conseguir ganancias puras. Hasta el momento hemos asumido que es correcto el argumento del Mal Instinto, según el cual la resolución no le durará a la persona más que un día o dos. Pero si examinamos la cuestión más de cerca, comprenderemos que este razonamiento es totalmente falso.

La experiencia nos muestra que si una persona invierte esfuerzo en controlar sus palabras, cuando más lo practica más sencillo le resulta. Al principio ni se da cuenta cuándo se le escapan de la boca palabras inadecuadas, porque está acostumbrado a decir lo primero que se le pasa por la cabeza, pero eventualmente comienza a darse cuenta cada vez que dice algo que no debería haber dicho. A medida que pasa el tiempo se hace más sensible y una vez que ha aprendido a ser circunspecto en su forma de hablar, ya no le exige demasiado esfuerzo evitar toda blasfemia.

(SHEMIRAT HALASHON, INTRODUCCIÓN)

28. EL INVITADO QUE SE QUEDÓ CON LA CUENTA

Suponed que la tendencia al mal sugiere el siguiente argumento: «Mi oyente no considera que el chisme que yo le cuento es dañino. Ya ves que no está enojado. Por lo contrario, parece estar muy contento de la confianza que le demuestro.»

Permitidme ilustrar la falla de este argumento con una historia:

Una vez, cierto farsante, que se hacía pasar por un caballero, acosó a un visitante de su ciudad con una elaborada escena para convencerlo de que era un amigo perdido hacía tiempo. El visitante cayó en la trampa y se dejó persuadir de pasar la noche junto con su «viejo amigo». Para celebrar la reunión, irían a un restaurante de lujo y el visitante sería su invitado.

Al entrar al restaurante el farsante nuevamente comentó lo contento que estaba porque sus caminos habían vuelto a cruzarse después de tantos años y qué ocasión feliz era esa para él. Le dijo al propietario que sirviera lo mejor que tuviera que él ya pagaría.

Pero cuando se terminó la comida el farsante se levantó de la mesa con algún pretexto y se escabulló, dejándole toda la cuenta al invitado. El desventurado visitante intentó explicar la situación al dueño del lugar, pero inútilmente. «Yo no sé quién es tu compañero», respondió fríamente el propietario, «y no sé quién te indujo a venir a este lugar. Lo único que sé es que se os ha servido una excelente comida y ahora debes pagar por ella».

Mientras el visitante y su anfitrión estaban comiendo juntos, el visitante estaba convencido que estaba cenando en compañía de uno de sus mejores amigos. Pero al comprender que le endilgaron la cuenta, se enfureció y maldijo al charlatán que lo engañó y se reprochó el haber sido tan inocente. De una cosa estaba seguro: su anfitrión no era amigo suyo.

Así es en nuestro caso. Mientras estás en este mundo tu oyente no cae en cuenta que lo que le dices es prohibido. Permite que se le inflija daño a su alma e incluso aprecia el hecho de merecer tu confianza, ya que le cuentas todo lo que sabes. Pero esta situación continúa sólo mientras «la tienda está abierta y el propietario te da crédito» (*Tratado de Padres* 3:16).

En otras palabras, mientras la persona continúa en este mundo El Eterno le permite transgredir «a crédito», pero cuando es llamado a presentarse ante el omnisapiente Juez en el Mundo Venidero, el libro mayor será abierto y allí encontrará todas las palabras prohibidas que ha oído y ha dicho como resultado de vuestra amistad. Tendrá que responder por cada palabra y sufrirá enormemente como resultado, especialmente si, gracias a ti, ha sido agregado a la lista de los malvados. Por ello *Pirkei Derabi Eliezer* advierte: «Hijo mío, no te sientes en compañía de aquellos que hablan mal de los demás, porque cuando sus palabras ascienden al Cielo son anotadas en un libro y todos los participantes son agregados a la lista de los malvados».

¡Imagina cuánta rabia y amargura sentirá entonces hacia ti!

(SHEMIRAT HALASHON, CAP. 13)

29. EL AGENTE QUE DESPILFARRÓ EL DINERO DE SUS PATRONES

Cuando una persona reconoce que sus conocimientos de la Torá son escasos y sus buenas acciones pocas, no podrá sino aceptar que no tiene motivo de orgullo. Como lo escriben los Sabios: «Si éso falta ¿qué ha adquirido?» Incluso cuando ha

adquirido cierta medida de Torá y buenas acciones, si es honesto consigo mismo admitirá que no ha logrado ni una pequeña
fracción de lo que podría haber hecho, considerando los talentos que le han sido otorgados por El Eterno.

El autor de la obra *Sefer Mitzvos Katan* presenta una analogía adecuada para el tema:

Un empresario acaudalado envía a dos de sus agentes a un
país remoto a comprar piedras preciosas. A uno de los
agentes le confía mil monedas de oro, mientras que el otro
recibe cien. A lo largo del camino los dos agentes despilfa-
rran el dinero de su patrón en frivolidades hasta que finalmente al que partió con mil monedas le quedan sólo doscientas y al que comenzó con cien le quedan cuarenta.

Un día, los agentes tienen un altercado. En la mitad
de la discusión, el que recibió una suma mayor observa
despectivamente: «¿Cómo te atreves a considerarte mi
igual? ¡Tú eres un pobretón, no tienes ni la cuarta parte
del dinero que tengo yo!»

En este momento una persona que los observaba
intervino: «¡Qué tonto y arrogante eres! Todos sabemos
que el dinero no es tuyo y que ambos sois agentes de otra
persona. En realidad eres más pobre que tu compañero.
Él le debe al patrón sólo las sesenta monedas que despilfarró, mientras que tu te has gastado ochocientas.
¿Cómo le explicarás al patrón lo qué has hecho con todo
ese dinero? Finalmente sufrirás una humillación mayor
que la que sufrió tu "pobre" amigo.»

Todos nosotros somos meros agentes que El Eterno envió de
los mundos superiores. Cada uno de nosotros tiene una tarea
que realizar: perfeccionar y pulir su alma, de acuerdo a la sabiduría que le ha sido concedida. Su inteligencia no es propiedad

privada, es un instrumento que le ha sido dado con el fin de realizar su tarea. Por ello deberíamos considerar cuántos días y años hemos perdido al desentendernos del estudio de la Torá. Llegado el Día del Juicio tendremos que rendir cuentas de lo realizado en cada uno de los días de nuestra vida.

Respecto a esto el gran cabalista Rabi Moshe Cordovero escribe lo siguiente (*Sefer HaPardes* cap. 2):

Una de las criaturas santas que sostienen el trono de El Eterno se llama Yofiel, el ángel guardián de la Torá. Todas las llaves de la sabiduría están en sus manos. Cuando un alma asciende al Cielo, Yofiel lo interroga respecto a la sabiduría que acumuló en su estadía en este mundo. Su recompensa será proporcional al esfuerzo que invirtió y el tiempo que dedicó a la Torá. Si hubiera podido estudiar más pero renunció a hacerlo, Yofiel lo despeñará bajo el palacio para su vergüenza y desgracia. De modo que cuando los serafines, que se encuentran debajo de esta santa criatura, levantan su alas y las baten en conjunto, el alma del hombre se quema pero no se consume... Ese es el castigo que recibe a diario incluso si hizo buenas acciones pero no estudió Torá en la medida que hubiera podido.

Cualquiera que tenga un corazón debería reflexionar acerca de esto todos los días de su vida. Así *Tanna Devei Eliahu* nos advierte que deberíamos tener una firme comprensión de lo aprendido, de modo que no nos veamos cubiertos de vergüenza el Día del Juicio, cuando nos ordenen mostrar todo lo aprendido.

(SHEMIRAT HALASHON, SHA'AR II, CAP. 14)

30. EL VIAJE DESPERDICIADO

Uno debe comprender que ha sido enviado a esta tierra por un período limitado de tiempo, específicamente para usarlo con el propósito de estudiar la Torá y observar los preceptos. Después retornará al mundo superior a recoger su recompensa. En *Deuteronomio* (7:11) leemos: «Guarda, por tanto, los mandamientos, estatutos y decretos que Yo te mando hoy que cumplas». Los Sabios comentan este versículo así: «'Este día' es para hacerlos y mañana es para recibir recompensa».

Demasiado a menudo sucede que cuando uno es joven, su Mal Instinto lo convence que aún le queda mucho tiempo. Este es un error trágico, como ya lo hemos visto. El Creador ha hecho una cuenta exacta de los días asignados a cada hombre, como está escrito: «¿No es acaso brega la vida del hombre sobre la tierra? Y sus días como los días del jornalero» (*Job* 7:1). Por esta razón lo que se desperdicia en un día no puede recuperarse en otro.

En este mundo uno es un viajero que se ha ido a una tierra distante por un tiempo limitado, como dice el rey David de sí mismo: «Un viajero soy yo en la Tierra, no encubras de mí Tus preceptos» (*Salmos* 119:19). Por lo tanto uno debe cuidarse de no desperdiciar un solo día.

Permitidme subrayar este punto con la siguiente historia:

Había una vez un hombre joven que vivía en un pueblo pequeño en el campo. La región entera estaba sumida en la más terrible pobreza y el joven decidió viajar a un país lejano para ganar algo de dinero para enviar a su familia y salvarla del hambre. Permaneció allí durante mucho tiempo, pero como era bastante holgazán, desperdició la mayor parte de su estadía.

Un día se encontró con un conocido de su pueblo natal. Se saludaron y se preguntaron mutuamente qué había sido de sus vidas desde que se separaron. El conocido, atónito ante la forma en la que nuestro joven había perdido el tiempo, lo recriminó: «¿Por qué no haces nada?, no viniste para ganar algo de dinero para ayudar a tu familia?»

«¿Por qué te pones tan nervioso? Todavía tengo mucho tiempo, sólo he estado aquí veinte años.»

El conocido le replicó asombrado: «¿Pero tú estás loco? Incluso si estuvieras en tu propia tierra estaría mal que desperdiciases tanto tiempo de tu vida. Pero dejaste tu hogar y viniste a pasar una corta temporada aquí para ganar dinero y después regresar. Deberías pasarte los días buscando cualquier empleo que puedas encontrar. En cambio me cuentas que 'sólo' has estado aquí veinte años. ¡Esa es la respuesta de un lunático!».

El mensaje es obvio. El alma humana es literalmente un viajero en este mundo, como está escrito: «Porque forastero soy para Ti, y advenedizo como todos mis padres» (*Salmos* 39:13). Llega al mundo para una breve estadía con el propósito de adquirir Torá y buenas acciones, porque en el Cielo nada puede ser ganado. Se le ha asignado una determinada cantidad de tiempo para esta tarea y después de transcurrido, el alma deberá regresar a sus raíces en las alturas para estar con El Eterno, la Fuente de todo lo viviente.

Desde el momento en que una persona llega a la edad adulta debe calcular cómo utilizar cada hora, para no desperdiciar su tiempo sobre la tierra. Este es el significado del versículo que hemos mencionado antes: «Un viajero soy yo (es decir tengo tiempo limitado) en la tierra, no encubras de mí Tus preceptos». Si uno responde: «Pero tengo sólo veinte años.... sólo treinta, aún tengo mucho tiempo» se asemejará al holgazán de nuestra historia.

(SHEMIRAT HALASHON, CONCLUSIÓN)

31. UNO DARÍA CUALQUIER COSA PARA SALVAR SU VIDA

Los Sabios nos relatan que el Santo, Bendito Sea, dijo a Israel: «Hijos míos, si os queréis salvar de los fuegos del Infierno –*Gehenom*– guardaos de la blasfemia». El preámbulo de El Eterno: «si os queréis salvar» parece enigmático. ¿Quién no quiere salvarse de los castigos del *Gehenom*? Claramente El Eterno intenta hacer hincapié en algún punto a través de esa frase.

Si una persona no se cuida de decir palabras prohibidas alegando que es demasiado difícil, esto indica dos cosas: o que no teme los fuegos del *Gehenom* o que no cree realmente que este precepto proviene de El Eterno.

Una prueba de esto puede verse en un incidente sucedido no hace mucho tiempo:

Un hombre fue acusado de hablar en contra del gobierno. El acusado estaba muy asustado porque de acuerdo a la ley de ese país podía ser sentenciado hasta a quince años de prisión e incluso condenado a muerte, el Cielo no lo permita. Decidió que haría todo lo posible para salvarse de tal destino. Pagó exorbitantes sumas de dinero, eventualmente vendiendo su casa y todas sus posesiones para que lo representasen los mejores abogados.

Veamos ahora qué es peor, los fuegos del *Gehenom* (o incluso el fuego terrenal, que representa una sexta parte de los fuegos del *Gehenom*) o quince años en prisión. Mucha gente ha sido encarcelada con sentencias de muchos años y después regresaron a sus hogares. Pero el peor sufrimiento que puede ser infligido en este mundo no puede compararse con los sufrimientos del *Gehenom*. Como lo hemos mencionado anteriormente, Najmánides escribe que una hora en el Gehenom es peor que todas aflicciones sufridas por Job durante toda su vida. Más aún, uno nunca sabe cuantas horas en el *Gehenom* recibirá en la corte Celestial. Incluso después que las llamas hayan devorado su alma, ésta puede ser reconstituida una segunda y tercera vez para sufrir más castigos hasta que haya expiado todas sus transgresiones.

De modo que si una persona está dispuesta a renunciar a todos sus bienes terrenales para salvarse del castigo terrenal, como en el caso del incidente que se ha descrito anteriormente, cuánto más estará dispuesta a hacer para salvarse de los fuegos del infierno. Y si no está interesada en hacer el esfuerzo de evitar calumniar debe ser que una de las dos suposiciones anteriores es cierta, a saber: a) la tendencia al mal ha endurecido su corazón, como el corazón del Faraón en Egipto, de modo que se niega a considerar su futuro y al no temer las eventuales consecuencias , tampoco tiene motivo alguno para arrepentirse, o, b) no cree que la prohibición contra la calumnia proviene realmente de El Eterno, en cuyo caso deberá responder por su falta de fe.

(ZAJOR L'MIRIAM, CAP. 14)

32. LOS PALACIOS DEL REY

Cada vez que los grandes estudiosos de las generaciones pasadas querían reprender a sus comunidades por alguna deficiencia o alentarlos en algún aspecto de la observación de la Torá, intentaban explicar el asunto en términos que la gente entendiera. También yo seguiré su ejemplo.

He oído decir que el Gaón de Vilna comentó una vez a sus discípulos: «¡Qué bueno es para un hombre estar en este mundo!» Sus intrigados discípulos le preguntaron a qué se refería específicamente. El Gaón explicó: «Si en el Mundo

Venidero un hombre pide observar aunque sólo sea un precepto más, y aunque a cambio esté dispuesto renunciar a una gran parte de su recompensa eterna, su pedido será denegado. Pero mientras se encuentra en este mundo puede crecer hasta llegar a la altura de aquellos a quienes se permite saludar a la Divina Presencia».

Los estudiantes siguieron preguntando: «Maestro, ¿qué hay que hacer para alcanzar ese nivel?»

«Poneos *tzitzit* (vestimenta con flecos), por ejemplo,» replicó. «Los Sabios nos dicen que quien observa meticulosamente el precepto de vestir *tzitzit* merecerá saludar a la *Shejiná* (Divina Presencia). En otras palabras, mientras uno está en este mundo puede adquirir un precepto por muy poco.»

Lo mismo se aplica a nuestro caso. Pensad cuánto puede lograr uno mientras está en este mundo y cuánto daño se provoca cuando se desvía del camino de los justos.

Permitidme explicarlo con un relato:

En cierto país vivía un rey grande y poderoso. El rey necesitaba un número de palacios e instalaciones administrativas para uso de sus numerosos ministros: doscientos cincuenta en total. Con este fin difundió una proclamación que decía que quien hiciera el trabajo sería recompensado con un hermoso palacio para sí mismo. El rey proporcionaría los materiales de construcción y los salarios de los trabajadores, pero el constructor recibiría su remuneración años después, cuando el rey acabara de inspeccionar el trabajo, para ver si todo se había hecho de acuerdo a sus especificaciones.

El rey también estipuló otras tres condiciones: 1) quién acepte la tarea deberá completar la construcción de los doscientos cincuenta edificios, 2) los edificios serán suficientemente elegantes para uso del rey, y 3) el nombre del rey aparecerá grabado en cada uno de los edificios.

Unos años más tarde el rey fue informado de que la construcción había sido completada y llegó a hacer su inspección. Para su mayor sorpresa y consternación solamente la mitad de las instalaciones necesarias habían sido construidas. Entre los edificios construidos algunos estaban sucios y mal armados. En total, de los doscientos cincuenta palacios requeridos sólo cien eran adecuados para uso del rey.

Pero incluso en esos cien no estaba todo bien. Si bien se suponía que en todos los palacios aparecería el nombre del rey, muchos llevaban el nombre de su archienemigo. Durante la época de la construcción hubo una gran rebelión en el reino y cada vez que el rival del rey triunfaba ordenaba que su nombre fuera inscrito en lugar del nombre del rey. Eventualmente los rebeldes fueron expulsados del reino, pero sobre cierto número de edificios aún estaba grabado el nombre del contrincante del rey.

Después de una última inspección resultó que sólo cincuenta palacios, un quinto de lo ordenado, estaban construidos según las especificaciones del rey y llevaban su nombre.

El rey de la historia es el Rey de reyes, el Santo, Bendito Sea, Quien nos dio Su Torá que incluye doscientos cuarenta y ocho preceptos positivos para cumplir (los trescientos sesenta y cinco preceptos restantes son prohibiciones). Requiere de nosotros tres cosas: 1) que cumplamos todos los doscientos cuarenta y nueve preceptos, por lo que recibiremos una parte del Mundo Venidero (donde por cada precepto se construye un palacio dedicado a El Eterno), 2) que cada precepto sea observado de acuerdo a todas las especificaciones expuestas en el Talmud y el Shuljan Aruj, y 3) que cada precepto sea cumplido para glorificar al Cielo y para acatar la voluntad de El Eterno.

Cuando una persona comienza a calcular sus preceptos en el Mundo Venidero, descubrirá que ha transgredido de negligencia en el cumplimiento de la mitad de los preceptos porque, en su ignorancia, ni siquiera sabía que existían. De los ciento y tanto mandamientos restantes algunos no fueron observados de acuerdo a las especificaciones del Talmud y el Shuljan Aruj. De los que se cumplieron correctamente, algunos fueron observados por motivos ulteriores, con la intención de impresionar a otros.

Estará en buena situación si de los doscientos cuarenta y ocho mandamientos, cincuenta fueron observados correctamente y con intenciones puras. A esto se refieren los Sabios cuando comentan el versículo «Venid a (la ciudad de) Jeshbón» (*Números* 21:27), es decir «Venid a hacer el cálculo (*jeshbón*) de las actividades del hombre en el mundo».

La lección que debe ser aprendida de esto es que uno debe hacer inventario constantemente para comprobar si observa todas los preceptos que le corresponden, para no llegar al Mundo Venidero en falta. Se debe preguntar a sí mismo: «¿Hay preceptos que ignoro como si no estuvieran destinados a mí? ¿Soy meticuloso respecto a los preceptos que observo?» Una vez llegado al Mundo Venidero no será capaz de compensar ni un solo precepto ignorado, ni aún a cambio de toda su fortuna, como lo mencionamos antes en nombre del Gaón de Vilna.

Todo lo analizado hasta ahora es aludido en el siguiente versículo: «Y tendremos justicia cuando cuidemos de poner por obra todos estos preceptos delante de El Eterno, nuestro Dios, como Él nos ha mandado» (*Deuteronomio* 6:25). *Targum Onkelos* traduce la palabra «justicia» como «mérito», significando que los preceptos aportan mérito a la persona en el Mundo Venidero.

Más aún, la frase «todos estos preceptos» está escrita en singular en el texto original hebreo. En otras palabras, el versículo se refiere a observar todos los preceptos como una unidad, sin omitir ninguno.

Finalmente, nos instan a observar los preceptos «delante de El Eterno», es decir sin motivos ulteriores y los debemos observar «como Él nos ha mandado», de acuerdo a las especificaciones del Talmud y el Shuljan Aruj.

(ZAJOR L'MIRIAM, CAP. 19)

33. EL MARGEN DE GANANCIA EN UNA MERCANCÍA VALIOSA

Permíteme que te transmita otra visión de la grandeza de la Torá y de la recompensa por guardarla. Como sabes, todo intento humano consta de medios y fin, y el fin es generalmente más importante que los medios.

Esto se comprenderá mejor mediante la siguiente comparación:

Un hombre gana su sustento en una pequeña tienda al por menor. Su desembolso semanal en gastos generales y costos alcanza a unos pocos miles de dólares. Esa suma representa sus «medios». Obviamente espera que sus ventas le aportarán una suma mayor. Ese es el «fin».

Su vecino tiene una gran negocio al por mayor. Sus gastos diarios exceden los diez mil dólares. Uno puede estar seguro que sus ganancias (es decir su «fin») serán proporcionalmente mayores.

Ahora, si el rey gasta cien millones de dólares construyendo un magnífico palacio, también esto representa un medio para conseguir un fin, es decir, la glorificación del nombre del rey. De ahí que su fin debe valer más para el rey que el dinero que gastó en conseguirlo. Al fin y al cabo el propósito del palacio es ofrecer un entorno digno de su trono y corona.

Podemos ver, entonces, que cuanto más elevada es la posición del inversor, mayor es la escala de sus inversiones, y cuanto mayor es la inversión, mayor es la ganancia que se espera.

Ahora, cuando el «inversor» es el Santo, Bendito Sea, podemos asumir que la escala será millones de veces mayor que la del ser humano de mayor importancia. En realidad, los «medios» de El Eterno no son nada menos que la creación del Cielo y la Tierra y todas sus huestes. Si El Eterno nos informa de que la creación entera existe con un «fin» y que si no fuera por ese «fin» Él no hubiese hecho que nada de esto existiese, uno puede imaginar qué inmenso debe ser ese fin.

El fin por el que todo el universo fue creado es enunciado claramente en un versículo de Jeremías (33:25): «Así ha dicho El Eterno: 'Si no permanece Mi pacto (es decir la Torá) día y noche, yo no he puesto las leyes del Cielo y la Tierra». El fin es la Torá. El Cielo y la Tierra y todas las leyes de la naturaleza son meramente los medios.

Este versículo es la respuesta para quienes se desentienden de su propio estudio de la Torá y del de su hijos, porque no le ven propósito alguno. El versículo proclama que el Cielo y la Tierra y todos nuestros mundanales asuntos son solamente los medios. El fin de todo es solamente el estudio de la Torá, ese es el bien verdadero y la fuente de la vida eterna. Mediante el estudio de la Torá el hombre merece morar eternamente en presencia del Rey.

Estas almas errantes han cambiado la realidad en sus mentes y hecho de la Torá un medio para conseguir algún vano fin. El pasaje bíblico se refiere a esto al decir Jeremías (2:5): «¿Qué maldad encontraron en Mí vuestros padres, que se alejaron de Mí?» Pudieron permanecer para siempre en la Presencia de El Eterno, pero eligieron distanciarse de Él.

(MAJANE ISRAEL, CAP. 11)

II. ESTUDIO DE LA TORÁ

34. El hijo mudo del hombre rico

Escuchad lo que voy a contaros, padres, pobres y ricos. Pensad en lo que estáis haciendo. Pensad en la terrible injusticia que le estáis causando a vuestros hijos al impedirles estudiar y guardar la Torá de El Eterno, que debería ser su fuente de luz y vida eterna.

Os presentaré una analogía que seguramente causará una profunda impresión a aquellos que la lean. La comparación es totalmente clara y no deja lugar a dudas respecto a su significado.

El hijo único de uno de los hombres más ricos del mundo contrajo una enfermedad grave, que debilitó sus cuerdas vocales, dejándolo completamente mudo. El padre llevó al niño a los mejores médicos, pero nada se podía hacer. El chico creció totalmente saludable, normal y dueño de todas sus facultades mentales, salvo que no podía decir ni una sola palabra.

Detrás de puertas cerradas el padre lloraba amargamente por la incapacidad de su hijo y seguía gastando grandes sumas de dinero, consultando a una serie de expertos que desgraciadamente no tenían ninguna cura para la mudez del chico. El padre estaba dispuesto a someterse a cualquier sufrimiento para conseguir una cura para su amado hijo.

Ahora, permite que te pregunte: ¿no es sabido por todo creyente que en la Academia Celestial la única actividad del alma es estudiar la Torá de El Eterno, cada alma de acuerdo a su nivel espiritual? Los textos sagrados se refieren a «la Academia (Celestial) de Rabí Akiva» y a «la Academia (Celestial) de Ajia HaShiloni». Así como estas academias existieron en esta tierra, existen ahora en la Academia Celestial de arriba. En la Academia Celestial la comprensión de la Torá que cada uno estudió durante su vida se multiplica varias veces. Cada día se deleita con un despliegue infinito de nuevas percepciones.

Esto debería ser obvio. ¿Acerca de qué otra cosa podrían discurrir en el Mundo Venidero? ¿Forestación? ¿Agricultura? En el otro mundo nadie come, bebe ni hace nada corporal. Si una persona no estudió Torá durante su vida, será un sordo-mudo en el Mundo Venidero. Esta situación no durará uno o dos días, sino años interminables: toda la eternidad. ¿De quién es la culpa sino de su padre, que tontamente le impidió estudiar la Torá, que debería ser su fuente de gloria eterna?

Que sea la voluntad de El Eterno que cada padre que lea estas líneas contemple el futuro y haga posible que él mismo y su progenie disfruten de los placeres del estudio de la Torá. Esto mediante, tal vez merezcamos ser testigos de la redención que El Eterno nos ha prometido: «Aunque dispersos entre las naciones, ahora los juntaré» (*Oseas* 8:10). Que esto suceda pronto y en nuestros días, Amén.

(TORAT HABAIT, DEL ENSAYO ELBONA SHEL TORÁ)

35. LOS LIBROS DAÑADOS

Es esencial que tanto las plegarias como el estudio de la Torá sean realizados en estado de máxima pureza.

Permitid que os relate una analogía cuyo propósito es poner el énfasis necesario en este importante tópico.

En cierta ciudad vivía un hombre de riquezas extraordinarias cuyo sueño era establecer su propia biblioteca en la que hubiera una amplia variedad de libros sagrados, tanto las ediciones antiguas como las nuevas. Un día se encontró con un hombre que pretendía tener una biblioteca de esa índole y que ofrecía venderla a un precio razonable. El hombre rico envió de inmediato a uno de sus agentes a su casa con instrucciones expresas de verificar la condición en la que se encontraban los libros y comprobar si la impresión era clara. Le dijo también al agente que verificara si no faltaba ninguna página, ni al principio ni al final. Asimismo debería hacer un catálogo que especificara cuántos ejemplares habían de cada tipo: cuántas Torot, cuántas colecciones de Mishná, y cuántas de Talmud.

Cuando llegó el agente lo primero que le mostraron fue una colección de libros de plegaria. Incluía muchas ediciones diferente de distintas épocas y había miles. Pero después de examinar los libros a conciencia se vio obligado a rechazar casi todos. A algunos les faltaban páginas al principio, a otros en el final y a otros en el medio. En muchos casos las letras eran ilegibles y muchos habían sido impresos en forma poco atractiva. El agente consideró que solamente unos pocos eran dignos de ser comprados.

Después le mostraron varios cientos de Torot, pero después de examinar muchas de ellas también fueron rechazadas por las mismas razones, salvo unas pocas que estaban en condiciones aceptables y habían sido bien impresas.

Después le mostraron varias ediciones diferentes de la Mishná, adquiridas con grandes dificultades durante toda la vida del vendedor. Una vez más, muchas de las colecciones estaban falladas. Una colección carecía del libro de *Zerayim*, a otra le faltaba el libro de *Moed* y a otra el libro de *Nashim*. A una colección le faltaba medio libro y a otra algunos capítulos y a otra sólo un capítulo. Muy pocas colecciones estaban completas, con impresión y encuadernación de alta calidad.

Finalmente le mostraron las colecciones del Talmud. Nuevamente encontró sólo unas pocas colecciones completas. El resto padecía de los mismos problemas que los libros de plegarias y las colecciones de Mishná. A un Talmud le faltaba el tratado *Shabat* y a otro *Pesajim*. A uno le faltaba medio volumen, a otro varios capítulos, y a otro unas pocas páginas. El apéndice con el comentario del Rabí Itzjak Alfasi (conocido como el Rif) faltaba de la mayoría de las colecciones. Sólo unos pocos estaban completos y comprendían el comentario del Rif.

Después de haber visto las colecciones del Talmud Babilonio, el agente pidió ver el Talmud Jerosolimitano y el Midrash. Estos faltaban.

En resumen, de toda la biblioteca el agente pudo llevarse solamente unos pocos libros de plegarias, algunas Torot y unas pocas colecciones de Mishná y de Talmud.

El lector atento ya habrá captado que la «biblioteca» de la parábola es en realidad una descripción de él mismo. Cuando el hombre comparece ante la corte Celestial le mostrarán todas las plegarias que ha recitado durante toda sus vida y éstas serán examinadas para verificar en qué condiciones se encuentran. Cientos serán rechazadas. Algunas aparecerán como faltas de comienzo, a algunas les faltará el medio y a otras el final. En algunas ocasiones logró concentrarse desde el principio de la plegaria hasta el final, pero sus pensamientos no eran tan puros como deberían haber sido. Solamente unas pocas de sus plegarias se encontrarán completas y puras. Sólo esas complacerán a Dios.

El acusado estará consternado ante la corte. ¡Qué avergonzado se sentirá al descubrir que la mayor parte de sus plegarias quedarán colgadas en el aire, incapaces de ascender al Cielo!

Entonces la corte Celestial le ordenará mostrar la Torá y la Mishná que aprendió. Presentarán sus conocimientos de Torá y descubrirán que en el transcurso de los años ha omitido varias partes. En otras ocasiones comenzó estudiando una parte, pero se interrumpió para conversar acerca de frivolidades o para chismorrear. De modo que contaminó las palabras de la Torá hasta que tampoco ellas fueron incapaces de ascender y encontrar un lugar en la mesa del Rey. Sólo unos pocos ciclos de estudio de Torá serán juzgados completos y meritorios.

Así sucederá también con sus estudios de la Mishná. De todas las veces que terminó los seis libros de la Mishná durante su vida, unos pocos ciclos serán encontrados impecables. Respecto al resto, se revelará que cierto año ignoró al libro de *Zerayim* y al otro el libro de *Nashim*. Un año se desentendió de un tratado e interrumpió el estudio de otro tratado para hablar de frivolidades y chismorrear. Por estas omisiones deberá rendir cuentas. Qué avergonzado se sentirá al descubrir que de toda la Mishná que estudió sólo unos pocos ciclos son aceptables ante la corte Celestial.

Después le traerán su Talmud. Al principio se sentirá feliz al ver cuántos ciclos del Talmud completó. Pero entonces advertirá que casi cada ciclo tiene algún defecto. Una vez omitió el tratado *Shabat*, otra vez *Pesajim*. A muchos ciclos le faltarán capítulos enteros y páginas sueltas porque estaba en viaje de negocios y no completó lo que había perdido.

Ignoró completamente el comentario del Rif. Sólo con grandes dificultades encontraron alguna instancia ocasional en la que estudió al Rif como se debe. ¿Cómo será capaz de mostrar su cara cuando la pobreza de sus conocimientos de Torá queda expuesta ante toda la corte Celestial? ¿Qué explicación posible puede dar para justificarse?

Se sentirá incluso más avergonzado y se quedará sin palabras cuando se le pregunte acerca de sus conocimientos del Talmud Jerosolimitano y del Midrash. A estos ni siquiera los estudió. Sufrirá más humillaciones cuando se revele cuántas horas perdió por semana y cuánto tiempo dedicó a decir tonterías, y que por esa razón no le quedó tiempo para estudiar. Hay una famosa frase de los Sabios que dice que quien no ha estudiado nunca Midrash nunca ha probado el temor al Cielo.

Qué doloroso será para él darse cuenta de que todas las omisiones que hemos mencionado, tanto en la plegaria, en la Torá, en la Mishná o en el Talmud no durarán un año o dos, sino para siempre. El Mundo Venidero es eterno.

Mayor será su desgracia porque no se arrepintió de estas omisiones durante su vida. En este mundo, a diferencia del Mundo Venidero, los portales del arrepentimiento están siempre abiertos.

Cada persona debe reflexionar sobre su propia situación. Esto lo hará consciente de sus pensamientos y acciones y en cada área que examina, encontrará omisiones que puede corregir. Muchas veces sus plegarias son superficiales, otras omite partes de la Torá, cada año ha ignorado capítulos enteros y tratados de la Mishná y el Talmud. Por todas estas omisiones deberá rendir cuentas. Hubiera podido adquirir más conocimiento de la Torá y no lo hizo por mera pereza.

El pasado es el pasado, pero por lo menos desde este momento en adelante, después de haber examinado honestamente la vida que ha llevado hasta este momento, puede resolver no vivir como lo hacía antes y en sus últimos años expiar por los años tempranos.

En la parábola, le dicen al rico coleccionista que esa biblioteca contiene cientos de libros de plegaria, Torot, colecciones de Mishná, colecciones de Talmud, etc. Finalmente, el agente no encuentra ni la décima parte de lo que le han prometido. El resto de los libros es fragmentario o ilegible. Así el Mal Instinto induce a la persona a imaginarse que él mismo es una biblioteca llena de Torá, Mishná, Talmud, etc. Pero después de examinar sus haberes resulta que contiene sólo una fracción de lo que se imagina. No se merece, por cierto, ser llamado «biblioteca» ni tiene nada de qué sentirse orgulloso.

Regresemos ahora a la biblioteca...

Cuando el dueño de la biblioteca vio cómo el agente del coleccionista rechazaba casi todos sus libros le dijo: «Ahora que has examinado tan meticulosamente mi biblioteca y te has familiarizado con toda la colección, permite que te pregunte ¿Por qué mis libros están en tan mala condición? No creo que haya otra biblioteca en peores condiciones que ésta.»

El agente respondió: «Debes saber que la razón principal por la que tus libros se ven como se ven, es porque los dejas tirados en el suelo como si estuvieran abandonados. Por ello se han enmohecido, han sido accidentalmente pisoteados y han sido robados. No has tratado a tu colección como debería tratarse a una valiosa biblioteca, adjudicando a cada volumen el lugar que se merece. Más aún, no has inspeccionado los libros periódicamente para ver si estaban bien preservados. En mi opinión es un milagro que algunos se hayan conservado en condición aceptable».

Esta es precisamente nuestra situación. El Santo, Bendito Sea, ha puesto al hombre a cargo de Su santa biblioteca, Torá, Mishná y Talmud. En esa biblioteca se conservan los 613 preceptos. Cada uno es un mundo entero. Todos creemos que los preceptos nos fueron otorgados por El Eterno. Al observar los preceptos, la persona se santifica ante Dios, como está escrito: «Para que os acordéis y hagáis todos mis preceptos y seáis santos a vuestro Dios» (*Números* 15:40).

Uno supone que a quien le han enseñado la importancia de los preceptos pensará constantemente en ellos. Ya que observarlos es nuestra verdadera ocupación en este mundo, es de esperar que uno se examine a sí mismo una y otra vez para comprobar si está suficientemente familiarizado con ellos y si efectivamente los observa. Para ello ha sido traído a este mundo, como está escrito: «porque El es vida para ti, y prolongación de tus días» (*Deuteronomio* 30:20). Nuestro propósito en la vida no son las frivolidades que nos induce a pensar el Mal Instinto.

Y sin embargo, esta sagrada labor yace abandonada, como algo sin valor, en la mente de la persona, que no le dedica pensamiento alguno. El resultado es que incluso aquellas partes de la Torá que estudia caen en el olvido y se pierden porque no está suficientemente preocupado por mantenerlas como se debe.

Hay un número de versículos y dictámenes de los Sabios respecto a la meta de la sabiduría, que debe guiarnos al arrepentimiento y a las buenas acciones. Si uno estudia sin poner en práctica lo estudiado, según los Sabios sería mejor que no hubiese nacido: una gran parte de la Torá que ha estudiado corre peligro de no ser aceptada. Los Sabios aluden a esto en el Talmud (*Shabat* 31a):

El versículo: «...llenó a Sión de juicio y de justicia. Y reinarán en tus tiempos la sabiduría y la ciencia y bastión de salvación, el temor de El Eterno será tu tesoro» (Isaías 33:6). «Juicio» se refiere al libro de *Zerayim*, «tiempos» se refiere al libro de *Moed*, «bastión « se refiere al libro de *Nashim*, «salvación» al libro de *Nezikin*, «sabiduría» al libro de *Kodashim*, y «ciencia» se refiere al libro de *Taharot*. Y sin embargo, si uno teme a El Eterno ha de guardarlo y si no, no».

Esto implica que si el estudio de la Torá y la observación de los preceptos no están acompañados por temor a El Eterno es posible que no sean aceptados. Uno debe verter su corazón en la plegaria, pidiendo que cada acción sea anotada en su lista de preceptos. Esta es la razón principal por la que faltan en su «biblioteca» de Torá y preceptos en el Mundo Venidero, porque no se preocupó de acompañar acciones con temor al Cielo. Esta será su mayor fuente de pena.

Por lo tanto, es necesario que cada uno preste atención a este tema, de modo que su obligación respecto al estudio de la Torá y a observación de los preceptos sea adecuadamente cumplida, sólo entonces será afortunado en este mundo y en el Venidero.

(LIKUTEI AMARIM, CAP. 6)

36. EL POBRE EN LA FERIA

En el *Tratado de Padres* (4:22) Rabí Iaakov enseña: «Este mundo es como una antesala antes del Mundo Venidero. Preparaos en la entrada para poder ingresar a la mansión.» Sin embargo, Rabí Iaakov no nos revela como debemos prepararnos.

Quisiera aclarar este tema en referencia a otro dictamen de los Sabios: «Uno debería dividir sus años en tercios: un tercio dedicarlo a la Torá, un tercio a la Mishná y un tercio al Talmud.» Esto implica que uno debe ser perito en las tres áreas, primero en la Torá, después en la Mishná y después en el Talmud.

Este mundo es el lugar designado para adquirir conocimientos sobre la Torá. Si uno no logra hacerlo mientras está aquí, no será capaz de hacerlo después de entrar a la «mansión». En el Mundo Venidero no es posible aprender ni una palabra de Torá, ni aún a cambio de toda la recompensa que se merece. Si uno propusiera tal cosa le responderían con sorna: «¿Por qué fuiste tan holgazán en la 'antesala'? Allí podías haber obtenido todo lo que querías, pero aquí hasta una mínima parte de la Torá es más preciosa que la vida».

Uno no puede engañarse y pensar que cuando comparezca ante la corte Celestial podrá simplemente excusarse explicando que estaba demasiado agobiado con la lucha por la subsistencia e intentando mantener a su familia para dedicarle tiempo al estudio. Ante todo ¿quién sabe si sus excusas serán aceptadas? Como aprendemos en el Talmud (*Ioma* 36b) la corte Celestial le responderá: «¿Eras más pobre que el gran sabio llamado Hilel el Anciano?»

Pero supongamos que sus excusas sean aceptadas y es exonerado. ¿Lo compensará esta exoneración por la Torá que no adquirió? Puede ser que le evite la degradación de ser llamado tonto y holgazán, pero aún carecerá de conocimiento acerca de la Torá.

Considerad lo sucedido al mercader que no usó sabiamente su tiempo en la feria...

Cada año un grupo de mercaderes y comerciantes viajaban a una gran feria. Uno de ellos vendió sus mercancías y obtuvo muy buenas ganancias, otro adquirió mercancía de calidad con la que ganaría muy bien en el futuro. Pero uno de ellos no hizo ningún tipo de negocios mientras estuvo en la feria y regresó a su hogar sin un penique en su bolsillo. Sus vecinos se burlaban de él diciendo: «¡Qué tonto! ¿Cómo lograste no ganar absolutamente nada? Pobre te fuiste de tu casa y pobre volviste. ¿No había nada que pudieras hacer para mejorar tu suerte? Seguramente no hay nadie más tonto que tú en el mundo. ¡Perdiste una oportunidad de oro!»

El pobre hombre comenzó a justificarse con todo tipo de excusas hasta que finalmente aceptaron sus racionalizaciones y dejaron de burlarse de él. Pero esto no cambió el hecho de ser tan pobre como antes.

Así es nuestro caso. Uno viene al mundo para adquirir Torá y para hacer buenas acciones. Esa es la moneda con la que uno gana su parte en el Mundo Venidero. Una persona ambiciosa y entusiasta usará hasta la última gota de energía en cumplir estas tareas. No permitirá que un sólo día se desperdicie porque sabe que el tiempo en la Tierra es limitado. ¿Quién sabe cuando vendrá su fin?

Pero el holgazán no piensa en el día en que tendrá que comparecer al juicio y no se preocupa por las horas que desperdicia. También él podría estar haciendo buenos beneficios. Incluso si El Eterno no lo ha bendecido con el talento y la oportunidad de estudiar solo, podría participar en una de las tantas clases o grupos de estudio que aprenden Mishná, *Ein Iaakov* o *Jaiei Adam*. De esta manera enriquecerá sus conocimientos de Torá, de modo que no llegue al Mundo Venidero con las manos vacías.

Si no logra prepararse, será motivo de burla. Cuando intente rogarle a la corte Celestial aduciendo que no tuvo oportunidad de estudiar o hacer buenas acciones, se burlarán de él, y le dirán: «Tal y tal vino de tu mismo pueblo, crecisteis juntos y sin embargo él ha logrado conseguir mucho. Aquí arriba es considerado un hombre rico, mientras que tú has venido con las manos vacías y te has quedado pobre. ¿Has visto lo que te ha causado tu pereza?» Si las excusas y las racionalizaciones que alega son aceptadas podrá eliminar la sorna, pero aún seguirá siendo un mendigo, desprovisto de Torá. ¿Con qué moneda obtendrá vida eterna?

Este pensamiento puede aclarar un versículo enigmático de *Eclesiastés* (4:1): «Me volví y vi todas las violencias que se hacen bajo el sol y he aquí las lágrimas de los oprimidos, sin tener quien los consuele y la fuerza estaba en la mano de sus opresores sin tener quien los consuele.» Al principio no es claro por qué se repite la frase «sin tener quien los consuele» y a qué situación se refiere. Pero en base a lo que hemos explicado anteriormente esto se puede entender fácilmente.

Cuando un hombre aparece ante la corte Celestial y el fiscal lo acusa de haber pecado de negligencia respecto al estudio y a las buenas acciones, llorará amargamente: «¿Cómo pueden hacerme responsable? Toda mi vida ha estado plagada de contratiempos. ¡Cuánta aflicción y sufrimiento he vivido durante mi tiempo en la Tierra!» Pero el fiscal se burlará de esta defensa y no tendrá a quién acudir.

Entonces, cuando los acusadores hayan acabado con él, El Eterno enviará a los ángeles que intercedan por él y finalmente será absuelto. Pero entonces comenzará nuevamente a llorar amargamente. Y le preguntarán: «¿Por qué lloras ahora? ¿No has sido exonerado?» Y él responderá: «Es cierto, he sido salvado de la sorna de mis acusadores por la misericordia de El Eterno, pero tengo una enorme carencia de Torá y buenas acciones. ¿Con qué méritos podré contemplar la presencia del Rey?» Y de esa penuria nadie podrá rescatarlo.

«Las lágrimas de los oprimidos» son las lágrimas que vierten ante sus acusadores aquellos para los que no parece haber salvación. Sin embargo, incluso después que El Eterno envía ángeles en su defensa, aún no es consolado porque carece de los méritos para ganar la vida eterna.

Por lo tanto, mientras uno está en este mundo, que no desperdicie el tiempo. Que invierta cada gramo de energía acumulando Torá y buenas acciones, preparándose en la «antesala» para poder entrar dignamente en la «mansión».

(LIKUTEI AMARIM, CAP. 4)

37. «PORQUE LA SANGRE ES EL ALMA»

En el *Tratado de Padres* (3:10) Rabí Dostai bar Ianai cita lo dicho por Rabí Meir: «Quien olvida un detalle de lo que ha aprendido,

dice la Torá, es como si hubiera incurrido en un delito mortal».
Así está escrito: «Por tanto guárdate y guarda tu alma con diligencia, para que no te olvides de las cosas que tus ojos han visto...
el día que estuviste... en Joreb» (*Deuteronomio* 4:9-10).

Esto puede entenderse con ayuda de otro versículo de
Deuteronomio (*Deuteronomio* 12:23): «Porque la sangre es el
alma y no comerás el alma juntamente con la carne». En este
versículo nos advierten que no es que la sangre es prohibida
porque es repugnante y porque al comerla uno meramente
viola la prohibición de comer cosas repugnantes.
Literalmente es como si uno consumiera el alma del animal
y tenemos permitido consumir solamente la carne, no el
alma. La Torá nos dice que el alma está íntimamente ligada
a la sangre, aunque nosotros no podemos percibirlo con
nuestros ojos humanos.

De manera similar los pasajes bíblicos nos informan:
«...para que las mandéis a vuestros hijos, a fin de que cuiden
de cumplir todas las palabras de esta Torá ... porque es vuestra vida» (*Deuteronomio* 32:46-47). Rashi explica en Levítico
(18:5) que la «vida» de la que se habla aquí no es la efímera
vida de este mundo sino la vida eterna del Mundo Venidero.
Mediante el estudio y la observación de los preceptos, el
alma se prende a la luz Divina y esa es la fuente de la inmortalidad. A esto se alude en Samuel (*I Samuel* 25-29) cuando
Avigail bendice a David: «La vida de mi señor será ligada en
el haz de los que viven delante de El Eterno tu Dios».

¿Quién sabe mejor qué es lo que debe hacer el alma para
ganarse la vida eterna que su Creador? Y Él lo dice claramente en Su Torá: «cumplir todas las palabras de esta Torá ...
porque es vuestra vida». Una vez que uno comprende que la
vida eterna depende únicamente de esto, debe asegurarse de
que nada de su tiempo se desperdicie. Perder tiempo significa privar al alma de vida.

Considerad la siguiente historia:

El hijo de un hombre rico sufría de debilidad extrema. El padre llevó al niño para que lo examinasen los mejores médicos del país. Después de una serie de exámenes los médicos informaron al preocupado padre que todos los órganos de su hijo parecían funcionar perfectamente. La causa de su debilidad, dijeron, era que su presión era extremadamente baja. La única esperanza para el niño era darle una transfusión de sangre masiva que podía eventualmente poner en peligro la vida del donante. Más aún, ellos creían que dada la particular condición de su hijo, el uso de la sangre de otro niño sería lo que aseguraría mayor éxito. Los médicos explicaron que esta era la única posibilidad de curarlo de su enfermedad.

El rico salió en busca de los pobres de la ciudad para intentar encontrar a alguien que a cambio de una pequeña fortuna permitiera a los médicos extraer la sangre necesaria de uno de sus hijos. Todos lo consideraron loco: «Por esa cantidad de dinero estamos dispuestos a hacer el trabajo más arduo», le dijeron, «pero ¿cómo podemos vender la sangre de nuestros hijos? ¡Su sangre es su vida! ¡Nunca podríamos aceptar una propuesta tan monstruosa!»

Lo mismo sucede aquí. Cuando malgastas unas horas cada semana en charlas inconsecuentes, te privas de la eternidad. Al final terminarás como el padre del niño enfermo que imaginaba que alguien estaría dispuesto a vender la sangre de su propio hijo. Tu también imaginas que encontrarás un estudioso que te venda parte de su estudio de la Torá. Pero déjame advertirte de antemano: se burlarán de ti.

Y esto por dos razones: ante todo ningún estudioso consideraría siquiera hacer un negocio de esa índole. La Torá es su sangre y alma, la fuente de vida eterna. ¿Cómo puedes imaginar que la vendería por dinero? La mera sugestión merecería su desprecio. Por eso está escrito en Cantar de los Cantares (8:7): «Si diese un hombre todos los bienes de su casa por este amor, de cierto lo menospreciarían».

La segunda razón es que un acuerdo de esa índole no le serviría de nada. Es cierto que uno puede adquirir una parte en el estudio de la Torá de otra persona si lo mantiene mientras estudia, como fue el caso de las tribus de Isajar y Zevulún. Pero uno no puede comprar una participación en estudios que otra persona ha hecho.

(ZAJOR L'MIRIAM, CAP. 12)

38. EL HOMBRE QUE REGRESÓ A LA TIERRA

Había una vez un acaudalado comerciante que decidió abandonar todas sus ocupaciones terrenales y dedicarse únicamente al estudio de la Torá. Todos los allegados y miembros de su familia intentaron persuadirle de que volviera a sus viejas costumbres, pero él los ignoró. Eventualmente dejaron de intentar convencerle. Cuándo le preguntaban cómo podía ignorar los ruegos de su familia, él respondía:

«Simplemente pienso en el dictamen de los Sabios: 'La Torá sólo mora en quien se mata por ella'. Yo creo que esto significa que uno debe imaginar que ya se ha muerto y se ha ido al Cielo. Debe comparecer ante el Trono de Gloria para ser juzgado y el Rey del universo lo reprende por haber malgastado su vida en asuntos banales y enuncia el veredicto: 'culpable'. Entonces se lamenta '¡Ay de mí, esto me ha sucedido por mi tonta forma de vida'!»

El ex-comerciante continúa: «Imagina cómo reaccionaría si en ese momento le permitieran volver al mundo y corregir sus errores. Puedes estar seguro de que no perdería ni un instante más. Actuaría como si fuera sordo y mudo a los asuntos de este mundo.»

Uno debería tomar en cuenta sus transgresiones y pensar que ya podría estar muerto. Si después de su muerte El Eterno le hubiese tenido piedad y le permitiese regresar y corregirse, no se permitiría ni un momento de descanso. Ahora, ya que El Eterno ha elegido prolongar su vida para que pueda corregir los errores que cometió en los primeros años ¿debe su entusiasmo ser menor? Debería demostrar la misma dedicación al arrepentimiento y el estudio como si esta fuera una segunda oportunidad. Por lo menos debe reservar horas fijas para estudiar y no prestar atención a quienes intentan distraerlo.

(SHEMIRAT HALASHON, SHAAR III, CAP. 4)

39. QUITÁNDOSE LAS VESTIMENTAS DEL REY

Los Sabios nos cuentan que así como la recompensa por estudiar Torá es mayor que la correspondiente a todos los otros preceptos, también el castigo por ser negligente en su observación es mayor que el de otras transgresiones (*Sifri*).

Rabí Iehoshua ben Levi nos enseña en *Tratado de Padres* que una voz celestial reverbera desde el monte Sinaí cada día proclamando: «¡Ay de la humanidad por deshonrar la Torá! Según el *Zohar Jadash*, cuando el profeta Malaquías (3:19) habla de «el día ardiente como un horno» alude al día en el que Moisés regrese a pedir cuentas por la deshonra de la Torá.

La santidad de la Torá emana de las más elevadas esferas espirituales, por ende es una ofensa enorme cuando los mortales, hechos de polvo terrenal, la tratan con desdén.

El autor de *Maalot HaTorá* escribe lo siguiente: Imaginaos que a una persona de baja posición se le ofrece la oportunidad de entrar al servicio del rey para cumplir una tarea que generalmente es realizada por la más alta nobleza. Al parecer se alegraría tanto por ese gran honor que llevaría a cabo esa labor con entusiasmo aunque fuese sin remuneración alguna. Queda sin decir que jamás rechazaría la propuesta del rey.

Cuánto más deberíamos alegrarnos ante la oportunidad de estudiar la Torá, en la que los mismos ángeles, así como los justos en el Paraíso –*Gan Eden*– se deleitan continuamente. Los Sabios nos cuentan que cuando una persona está estudiando la Torá su aliento crea ángeles que lo rodean hasta el horizonte.

El castigo por abandonar el estudio es proporcionalmente grande, como lo proclama el profeta Isaías (1:28): «y los que dejan a El Eterno serán consumidos». Su sufrimiento es infinito.

Para entender la razón de lo anterior usemos esta analogía:

Imaginad que un rey grande y poderoso ve a un hombre enfermo yaciendo sobre un montículo de desperdicios. El rey decide apiadarse del alma infortunada y ordena que lo bañen y atiendan hasta que recobre sus fuerzas. El rey viste al hombre con galas reales y lo cubre de joyas de la colección real. Pone sus tesoros a su disposición y ordena que se pase el control del reino a su protegido. Le da a su propia hija por esposa y lo pone por encima de sus ministros. Finalmente ordena a todos los nobles del reino que sirvan a su protegido y que cumplan todos sus caprichos. Un día, mientras el joven paseaba, vestido con sus mejores galas y rodeado de nobles con antorchas que iluminan su camino, ve una banda de chiquillos jugando con piedras acuclillados en la tierra. Repentinamente siente una enorme envidia. Se quita sus ropajes lujosos y todos esos ornamentos a los que se ha acostumbrado. Abandona a los nobles y se reúne con los niños en el lodo. No le lleva mucho tiempo regresar a su estado original.

¿Acaso es posible que haya un castigo lo suficientemente grande por el hecho de haber desdeñado el honor recibido de manos del rey y sus nobles, y por haber ensuciado las vestimentas reales?

¡Cuánto más merecedores de castigo son quienes abandonan la sagrada Torá de El Eterno para revolcarse en la inmundicia de este mundo!

Habiendo percibido esto podemos entender mucho mejor la advertencia de los Sabios en el Talmud: (*Berajot* 5a):

Quien sea capaz de estudiar la Torá y no lo haga, hace que el Santo, Bendito Sea, le cause devastantes aflicciones que lo destruirán. Así está escrito: «Estaba mudo, quedé sin habla. Era incapaz de decir el bien y mi dolor era devastante»: «el bien» se refiere a la Torá.

Este es un ejemplo de castigo que es «medida por medida». Ya que ha tratado a la Torá como si fuera un trasto sin valor, él mismo será degradado delante de todos.

(SHEMIRAT HALASHON, SHA'AR III, CAP. 4)

40. LA URNA AGUJEREADA

Cuando una persona ve que no logra retener lo que ha aprendido es natural que pierda el ánimo y desee renunciar. La verdad es que es un error pensar así. Los Sabios ilustran esta idea con la siguiente parábola:

Un príncipe llamó a uno de sus súbditos para confiarle una misión especial. Cuando el hombre compareció ante su presencia el príncipe le entregó una urna y requirió que la llenase con agua. Cada vez que lograra llenarla recibiría una moneda de oro. Desafortunadamente, como el hombre descubrió rápidamente, había un agujero en la base de la urna. Cada vez que la llenaba en poco tiempo el agua se escapaba por el agujero, hasta que eventualmente renunció.

Un tiempo después pasó un conocido y lo encontró sentado sin hacer nada. Le preguntó por qué había abandonado su tarea. El hombre respondió: «¿Para qué continuar? Todo lo que vierto en la urna termina en el suelo.»

Su astuto amigo le respondió: «¿Y qué te importa? De todas formas recibes tu paga por hacer la tarea. El príncipe sabe qué clase de urna te dio. Simplemente busca una manera de recompensarte.»

El Santo, Bendito Sea, sabe obviamente qué tipo de facultades ha concedido a cada persona. Sabe si ha bendecido o no a una persona con buena memoria. Sin embargo, Él demanda que cada persona estudie Torá y la repase. Si una persona aún así no recuerda lo que ha leído ¿qué importa? Que repase nuevamente el material. ¿No se está ganando la recompensa? Cada palabra de Torá que estudia es un precepto en sí mismo.

El versículo nos cuenta (*Job* 35:7): «Si fueres justo ¿qué le darás a Él?» El Eterno no necesita nuestras acciones. Sólo quiere que nos beneficiemos. Crea oportunidades para que nosotros podamos ganar nuestra recompensa y evitarnos la humillación de recibir caridad.

(TORAT HABAIT, CAP. 13)

41. LA DIFERENCIA DE PERCEPCIÓN ENTRE EL RICO Y EL POBRE

Los pasajes bíblicos dicen: «Porque os doy buena enseñanza, no desamparéis Mi ley –Torá» (*Proverbios* 4:2). Dos puntos deben ser aclarados en este versículo. Ante todo, qué implica la referencia que hace El Eterno a la Torá como «buena» y segundo, por qué El Eterno recalca que ésta es Mi Torá. La explicación puede ser la siguiente:

La riqueza material que una persona pobre puede considerar «buena» no es necesariamente calificada como tal por un hombre de medios moderados. De la misma forma que eso que un hombre de medios moderados considera «bueno» dejará indiferente al rico. Y lo que el rico considera impresionante es insignificante para el rey. Y lo que el rey considera de importancia, la conquista de tierras por ejemplo, tiene muy poca importancia para los ángeles.

El Eterno nos dice en este versículo: «Contemplad que hermoso regalo os He dado, He creado todos los mundos y todos son insignificantes ante Mis ojos y aún considero que la Torá es una buena adquisición». La Torá es una joya escondida en la que El Eterno se deleita constantemente, como está escrito: «Y era (la Torá) Su delicia de día en día» (*Proverbios* 8:30). Por ello El Eterno hace hincapié en que se trata de Su Torá (significando que la Torá es tan significativa que hasta Él Mismo, El Eterno, en Su sublime y Divino nivel, se deleita en ella constantemente). Por lo tanto es claro que no debemos abandonarla.

Porque realmente la profundidad de la Torá es infinita. Los Sabios nos cuentan que hay 600.000 interpretaciones para cada versículo. En la obra *Otiot D'Rabí Akiva* aprendemos que los nombres de Dios que aparecen en la Torá iluminan los mundos superiores a un distancia de 21,000 billones de *parsaot* (unos

560 millones de millas) –siendo veintiuno el valor numérico de uno de los Nombres Divinos.

En *Yalkut Shimoni* (*Salmos*), Rabí Eliezer explica que la Torá nos fue deliberadamente dada en un orden incorrecto. Si la hubiéramos recibido en el orden correcto, quien la leyera sería capaz de resucitar a los muertos y hacer milagros. Por esta razón el verdadero orden de la Torá es oculto y conocido solamente por El Eterno, como está escrito: «¿Y quién puede leerlo con propiedad como Yo?» (*Isaías* 44:7).

(SHEMIRAT HALASHON, SHA'AR III, CAP. 1)

42. EL POBRE Y LA JOYA

Un pasaje en el Talmud (*Shabat* 119b) dice lo siguiente: «El mundo se sostiene sólo por el aliento de los niños (estudiando Torá) en la escuela de su Rabí. Rabí Papa le pregunta a Abaye: '¿Y qué sucede con nuestro estudio'? (el estudio de la Torá por adultos). Abaye responde: 'No es posible comparar el aliento de quien ha transgredido con el aliento de quien no ha transgredido'.»

Escucha bien este asombroso hecho acerca del «aliento» de los niños: cuando ellos recitan sus lecciones, la santidad adicional que proviene de tener intenciones conscientes no está allí, ni meditan acerca de prenderse de El Eterno. Y sin embargo el mundo es sostenido por ellos.

Considerad la siguiente parábola:

Una persona pobre encontró una vez una piedra preciosa que poseía cualidades únicas y era del tipo que se encuentra solamente en las coronas de los reyes.

Efectivamente, cuando el rey escuchó acerca del hallazgo le prodigó al afortunado grandes riquezas a cambio de la piedra.

En realidad el pobre no captó las cualidades especiales de la piedra. Sin embargo su brillo inherente y su valor le valieron su gran fortuna y el haberse convertido en un honorable miembro de la corte del rey.

Así es con el estudio de la Torá. Para ser elevado por la Torá no son necesarios elaborados preparativos. La Torá posee una santidad de dimensiones imponentes. Cada vez que alguien pronuncia palabras de la Torá se ve anegado de esa santidad. El único esfuerzo adicional que debe hacer es evitar influencias opuestas a esa santidad –palabras impuras, por ejemplo.

Este es el significado de la pregunta de Rabí Papa: «¿Y qué sucede con nuestra Torá?» Seguramente la Torá de los grandes Sabios posee una santidad mayor que la de los niños, porque la acompañan pensamientos profundos.

Pero Abaye le responde: «No es posible comparar el aliento de quien ha transgredido con el aliento de quien no ha transgredido.» En otras palabras, la mancha de la transgresión pesa más que la santidad adicional debida a la profundidad de sus pensamientos.

(SHEMIRAT HALASHON, SHA'AR HAZEJIRA, CAP. 7)

43. LA FIEBRE DEL ORO

Hemos discutido previamente la importancia del estudio del *Libro de Kodashim*: los sacrificios. Sin embargo quisiera ahora sugerir una razón diferente para prestar más atención al estudio de los sacrificios.

El hombre perteneciente al pueblo de Israel debe afanarse por adquirir conocimiento de la Torá de la misma manera que otros se afanan por adquirir riquezas; como lo dice el versículo: «Si como la plata la buscares, y la escrudiñares como a tesoros, entonces entenderás el temor de El Eterno y hallarás el conocimiento de Dios» (*Proverbios* 2:4).

El incidente siguiente sucedió realmente hace muchos años:

Se corrió el rumor de que el polvo de determinado país estaba lleno de oro y que piedras preciosas estaban allí tiradas. Aunque el viaje era largo y arduo, miles de personas lo emprendieron al escuchar acerca del tremendo tesoro que sólo esperaba ser recogido. Todos se apresuraban para ser los primeros en llegar, porque sabían que los primeros harían fortuna en muy poco tiempo.

Si esto ocurriera actualmente, la reacción de la gente sería similar, apresurándose para ser los primeros en reclamar lo suyo. La misma regla se aplica al estudio de la Torá. Incluso en las secciones que todos estudian se descubren constantemente nuevas interpretaciones. Los Sabios comentan: «'Sus pechos calmarán tu sed en todo momento' (*Proverbios* 5:19): ¿Por qué la Torá es comparada a un pecho así? Como un infante encuentra sabor cada vez que mama, uno también encuentra [nuevos razonamientos en la Torá cada vez que la estudia]». Realmente es infinito el saber que aún espera ser descubierto.

Sin embargo, en la mayor parte de la Torá sería poco habitual que una persona pensara en una interpretación que nunca haya sido anticipada por algún estudioso anterior en todas las generaciones pasadas. Esto no es cierto en lo que respecta a las leyes de sacrificios. Tan pocos estudiosos se han concentrado en ese área, que es posible encontrar perlas nuevas a cada paso.

El Zohar describe la recompensa que aguarda a quien descubra una nueva percepción de la Torá:

Rabí Shimon inició su conferencia con el versículo: «Y en tu boca he puesto Mis palabras» (*Isaías* 51:16). Comenta: «Qué valioso es dedicarse al estudio de la Torá día y noche, porque el Santo, Bendito Sea, escucha las voces de quienes lo hacen y por cada nueva percepción se crea un nuevo firmamento en los Cielos. Se ha enseñado que cuando una nueva percepción es expuesta por un ser humano, sus palabras llegan al Santo, Bendito Sea, Quien las recoge y las besa y las adorna con setenta coronas ornamentadas.»

(TORA OR, CAP. 5)

44. EL VALOR DE UN MINUTO EN LA FERIA

Uno debería comprender que la morada primera del alma es en las alturas. Todas las almas fueron creadas al comienzo de la creación (*Tratado de Ievamot* 63, *véase* Rashi) y su hogar era próximo al Trono de Gloria. Cuando entran en este mundo es para una breve estadía, para adquirir conocimiento de la Torá y hacer buenas acciones, después de lo cual vuelven a su lugar cerca de El Eterno.

Esto puede compararse al mercader que ha viajado a una gran distancia de su casa para adquirir mercaderías para su tienda.

Después de viajar cientos de millas para asistir a una feria que tiene lugar en otro país, el mercader finalmente llega a destino. Le han dicho que este viaje es muy conveniente, porque la mercancía que podrá adquirir ahí es realmente única y no puede ser adquirida en ningún otro sitio. Habiendo viajado tan lejos, quiere aprovechar cada minuto de esta oportunidad.

Imaginaos su reacción cuando en el momento en que está por cerrar un negocio muy importante, alguien se le acerca e intenta persuadirle de que compre un diario.

Algo desconcertado, se vuelve hacia el intruso y le dice impaciente: «Cada momento que está usted frente a mí me causa pérdidas. ¿No entiende que dejé mi hogar y viajé cientos de millas para venir? Con el dinero que gane de las inversiones que haga en esta feria debo mantener a mi familia por el resto del año ¿y usted pretende que pierda tiempo leyendo periódicos?»

La lección es obvia. El alma pertenece a las alturas. Reside en las esferas Celestiales, allí no está de paso. Así está escrito: «Porque forastero soy para Ti, un residente como todos mis antepasados» (*Salmos* 39:13). Y sin embargo, para que el sustento que recibe de El Eterno no sea caridad, fue enviada abajo, a este mundo, para adquirir la «mercancía» de Torá y buenas acciones.

Durante la estadía de la persona en la Tierra, el Mal Instinto lo tienta a perder tiempo en periódicos y esas cosas. Cuando esto sucede, debe replicar con impaciencia que ha atravesado cientos de miles de millas desde su hogar en los Cielos para adquirir la mercancía que le ganará una eternidad de sustento de El Eterno. Esta estadía en la Tierra está destinada a ser muy breve ¿cómo puede perder tiempo en empresas frívolas? ¿Qué excusa le dará a Quien lo envió si regresa con las manos vacías?

Moisés nombró a su primer hijo Guershom, porque «...Forastero (*guer*) soy en tierra ajena» *Éxodo* 2:22). Su segundo hijo se llamó Eliezer, porque «...el Dios (*eli*) de mi padre vino en mi ayuda (*ezer*) y Él me salvó de la espada del Faraón» (*íbid.* 18:4)

Sería de esperar que llamase a su primer hijo Eliezer, en gratitud por el milagro mediante el cual El Eterno le salvó la vida. ¿Qué significado tenía conmemorar el hecho de ser un forastero?

En base a lo antes discurrido podemos explicarlo de esta forma: cuando Moisés llegó por primera vez a Midian, su futuro suegro, Itró, aún no había abandonado la idolatría. Sin lugar a dudas su comportamiento todavía no era totalmente aceptable. Cuando Itró vino a unirse al pueblo de Israel después del Éxodo de Egipto, proclamó (*ibid.* 18:11): «Ahora conozco que El Eterno es más grande que todos los dioses». De esta frase deducimos que hasta ese punto no lo sabía.

Moisés temía que las costumbres idólatras de Itró lo influyeran. Llamó a su hijo Guershom para recordar que estaba de paso en Midian, que estaba de paso en la Tierra. Un día deberá regresar a su fuente en los altos mundos donde será «un residente como todos mis antepasados». Este pensamiento lo ayudará a resistir toda influencia inadecuada.

(Torat Habait, cap. 4)

45. El ciego en la ruta peligrosa

La tendencia al mal nunca deja de intentar persuadirlo a uno de que flaquee en la observancia de los preceptos. Dice: «¿Para qué tienes que enterarte de la medida de tu responsabilidad de hacer buenas acciones (o la seriedad de la transgresión de chismorrear)? ¿No sería mejor no saber? Así pertenecerías a la categoría de los transgresores accidentales y no de los intencionales.»

Una vez escuché una respuesta a este argumento en nombre de uno de los grandes estudiosos, que explica que esto puede ser comparado a un hombre que piensa que si sus ojos están cerrados no tendrá la culpa si tropieza y se cae.

Desarrolla esa idea en la siguiente parábola:

Aconsejaron a un hombre que estaba por emprender un viaje que evitara determinada ruta, porque la carretera estaba llena de baches. Él replicó a quienes le habían aconsejado: «Tengo una estrategia para medirme con ese problema. Prestadme una bufanda». Cuando sus compañeros le preguntaron en qué ayudaría una bufanda, el respondió: «Voy a usarla para cubrirme los ojos, así nadie puede burlarse de mí si me caigo. ¡Después de todo mis ojos estaban cubiertos, de modo que no podía haber evitado el hoyo!»

El plan del viajero fue recibido con risas. «¡Qué tonto eres! ¡Harás el ridículo por haberte cubierto los ojos cuando deberías haberlos usado para evitar los baches!»

Así es como el Mal Instinto da consejos, diciendo que uno debería cerrar los ojos para no ser consciente de sus obligaciones hacia la Torá. Esto se aplica a diversos preceptos, que en nuestros tiempos han quedado lamentablemente a un lado. La persona piensa que será capaz de excusarse alegando: «No sabía cuáles eran mis obligaciones porque tenía los ojos cerrados». De hecho, su situación ha empeorado, porque ahora deberá responder también por haber cerrado los ojos.

Cuando los Sabios dijeron que es mejor que la gente permanezca en ignorancia de la ley de modo que no se conviertan en transgresores intencionales, se referían solamente al deber de reprimenda del testigo de una transgresión inintencional. Incluso entonces, ese principio se aplica solamente a leyes que no aparecen explícitamente en la Torá (*Oraj Jaim* 608:2).

En lo que respecta a la responsabilidad individual de saber cuáles son las obligaciones respecto a la Torá, es evidente que uno no debe elegir deliberadamente la ignorancia. Por lo contrario, los Sabios dicen en el Talmud (*Bava Metzia* 33b): «Un error (evitable) es considerado un crimen intencional».

(AHAVAT JESED, PARTE II, CAP. 9)

46. EVITAR LA RUTA MÁS FÁCIL

Manifiesta la Torá: «Isacar, es un asno de huesos fuertes, descansa entre las fronteras» (*Génesis* 49:14). Rashi explica que la comparación a un asno de huesos fuertes se refiere a la capacidad de Isacar de soportar el peso de la Torá, así como el asno soporta su carga, y «descansa entre las fronteras» significa que Isacar se afana día y noche en el estudio de la Torá, así como el asno que trabaja duro día y noche, recostándose a descansar apenas entre un cerco y otro.

Así se comporta un verdadero estudioso de la Torá: se afana día y noche, nunca se consiente con placeres físicos innecesarios. El único descanso que se permite es al terminar un tratado. En ese momento, los Sabios nos dicen, es costumbre dar una fiesta en honor a la Torá que ha sido estudiada. Después, apenas se ha descansado brevemente, se comienza otro tratado y se afana nuevamente día y noche, así como el asno del versículo vuelve a cargar su fardo.

Este es el significado del pasaje: En la escuela de Eliahu se enseñaba que en lo que respecta a la Torá uno debería poner el hombro bajo el yugo, como un buey, y soportar la carga como un asno» (Talmud, *Avoda Zará* 5b). La fuerza del buey fue creada para arar la tierra, para que después ésta dé fruto. Así está escrito: «mas por la fuerza del buey hay abundancia» (*Proverbios* 14:4). El asno carga sobre su lomo los productos de la tierra después de la cosecha.

De la misma forma, cuando un hombre comienza a estudiar un tema en la Torá, primero debe trabajar duro para comprobar si lo ha entendido claramente. Entonces, cuando lo domina, debe cargarlo consigo para siempre y no olvidarlo. Así está escrito: «Y estas palabras... estarán sobre tu corazón» (*Deuteronomio* 6:6). En otro lugar de la Torá dice: «ni se aparten de tu corazón todos los días de tu vida» (*íbid.* 4:9). En otras palabras, uno debe repasar lo estudiado de modo que no se le olvide.

El pasaje anterior, que es una cita del Talmud (*Avodá Zará*) hace hincapié en que esto se debe hacer «siempre». En otras palabras, uno no debe pensar que ya que el tema ha sido aclarado por las grandes mentes de generaciones pasadas, él ya no tiene nada que agregar.

El *Tana Devei Eliahu* describe a la Torá como «habitaciones dentro de habitaciones». Para cada estudioso hay una parte que sólo él puede percibir. Por eso uno «siempre» debe considerar que ese campo nunca ha sido arado. Si él lo ara mediante el estudio de la Torá, dará frutos también para él.

El versículo siguiente en Génesis (49:15) dice: «Y vio que el descanso era bueno y que la tierra era deleitosa, y bajó su hombro para soportar...». A primera vista es difícil comprender por qué el estudio de la Torá es descrito como algo que uno debe «soportar», cuando en realidad es dulce como la miel.

Lo explicaré con una parábola:

Un rico mercader de joyas viajó a una tierra distante para hacer unos negocios. Llevó consigo tres mil rublos para comprar mercadería y otros cuatrocientos para gastos de viaje. Cuando llegó comenzó a comprar mercadería, gastando todo el dinero que había traído con ese propósito. Le quedaron sólo los doscientos rublos que necesitaba para el viaje de vuelta.

Cuando estaba preparándose para partir, se le acercó un señor y le dijo: «He oído que usted es un mercader de joyas. Quizá pueda persuadirle que compre algunas de mis mercaderías. Son de alta calidad y son una verdadera ganga». El mercader explicó que había gastado todo el dinero en sus compras anteriores, pero el hombre lo convenció de que por lo menos echase una mirada, insistiendo en que su mercadería era realmente incomparable.

Finalmente, el mercader le permitió mostrarle su mercancía. Las piedras realmente relucían como soles. El vendedor le dijo: «Aunque estas gemas valen obviamente miles de rublos, se las daré por un precio irrisorio. He sido acusado falsamente de un crimen y las autoridades amenazan confiscar mi propiedad. Si no liquido mi mercancía de inmediato estará perdida».

El mercader estaba en un dilema. Por un lado no podía dejar gemas tan bellas detrás, por el otro el dinero que tenía no le alcanzaba para comprarlas. Los doscientos rublos restantes eran para pagar el regreso. Después de pensarlo decidió que de cualquier forma no perdería la oportunidad. Era una posibilidad de ganar miles de rublos en una sola inversión. Tendría que volverse a su casa viajando como viajan los pobres.

Dijo así: «Me quedan sólo doscientos rublos. Me quedaré con veinte para las necesidades esenciales y le daré el resto a cambio de la gemas». Se cerró el negocio y el dinero cambió de mano.

El mercader puso las piedras preciosas en una caja fuerte especial que trajo consigo y partió. Esa noche, al llegar a su alojamiento, no pidió comida, como lo haría un hombre rico, ni reservó una habitación privada. En cambio se quedó con los carreteros en la habitación común.

Más tarde otro rico se alojó en esa posada. Reconoció al mercader de gemas y su conducta le extrañó. «¿No es usted tal y tal?», le preguntó. Cuando el mercader confirmó su identidad, el curioso ricachón siguió preguntando: «Siendo así estoy perplejo. El alojamiento que ha tomado está muy por debajo de su nivel».

El mercader replicó: «No me preocupa en lo más mínimo. Antes de completar un negocio el comerciante suele estar preocupado, incluso si anticipa una ganancia de cientos de rublos. Pero en este viaje ya he ganado no cientos sino miles de rublos». Y le relató toda la historia y le mostró las joyas que compró con sus últimos rublos.

Los ojos de su amigo se iluminaron cuando las vio: «Veo que tienes toda la justificación del mundo para actuar como lo has hecho», admitió. «Pero, permíteme preguntarte una última pregunta. Conozco el estilo de vida al que estás acostumbrado. ¿Como puedes vivir en estas condiciones, aunque sea por poco tiempo?»

El mercader explicó: «Es cierto que por mi naturaleza a veces me deprime vivir en estas condiciones, pero cuando me sucede, simplemente abro la caja fuerte y el deslumbramiento me pone de nuevo de buen humor».

El alma viene a este mundo para adquirir saber acerca de la Torá y para hacer buenas acciones. Esas son las joyas más preciosas que hay. Así dice el versículo: «Más preciosa es que las perlas» (*Proverbios* 3:15). Pero nos advierten en el *Tratado de Padres* (6:4) que la única manera de adquirir Torá es siguiendo la receta: «Come pan, bebe poca agua, duerme en el suelo, vive una vida de privaciones y afánate en el estudio de la Torá». Sólo de esta forma uno puede lograr su parte en la Torá, la más preciosa posesión en este mundo. De esta forma logrará deleite eterno.

Aunque el intelecto de una persona apruebe el programa anterior, su parte física lo rechazará. La mejor estrategia es recordar continuamente el placer eterno que derivará de su Torá y buenas acciones, que ha adquirido luchando para vencer las tentaciones del Mal Instinto. Después de haber meditado sobre este tema sus ojos se iluminarán y el servicio a El Eterno dejará de ser una carga, el Cielo lo prohiba. En cambio se uncirá al yugo con entusiasmo.

A todo esto alude el versículo «Isacar, asno de huesos fuertes». Nos dice que para adquirir Torá uno debe estar dispuesto a meditar en ella todo el tiempo como si fuera un yugo inamovible. Y en caso que alguien preguntase cómo es que un ser humano puede cargar voluntariamente un peso tan grande, en contra de su naturaleza física, el versículo continúa: «Y vio que el descanso era bueno y que la tierra era deleitosa y bajó su hombro para soportar» «El descanso» y «la tierra» aluden a los niveles más altos y más bajos del Paraíso, respectivamente. Al tener presente la enorme recompensa que lo aguardaba, «bajó su hombro para soportar» de buena gana.

(SHEM OLAM, SHA'AR HAJZAKAT HATORÁ, CAP. 10)

47. REPARTIR EL BOTÍN

Proverbios (31:10) pregunta retóricamente: «Mujer virtuosa quién la hallará» (este pasaje es una metáfora en alabanza de la Torá). En otras palabras, el rey Salomón (autor del libro de Proverbios) dice: «¿Puede un ser humano sumergirse hasta las verdaderas profundidades de sabiduría de la Torá?» El versículo siguiente continúa: «El corazón de su marido está en ella confiado» (*ibid.* 31:11). En otras palabras, quien estudia con persistencia y dedicación puede estar seguro de que la misma

Torá orará por su éxito. Este versículo concluye con: «Y no carecerá de ganancias» (*ibid.*). ¿Cómo debemos interpretar esta última frase?

Dos ejércitos batallan entre ellos y uno resulta derrotado. De acuerdo a las leyes de la guerra, los vencedores reclaman el botín. Esto es provechoso cuando los derrotados son muchos y los victoriosos pocos, porque entonces hay un gran botín para todos. En caso contrario o cuando ambos ejércitos son de tamaño similar, cada uno de los soldados victoriosos recibirá una parte significativamente menor.

Con ayuda de esta imagen podemos comprender el mensaje detrás del versículo y disipar un error corriente. Alguna gente supone que las alegrías del análisis y la innovación son alcanzables sólo cuando hay pocos estudiosos y que si hay muchos cada uno tendrá menos por descubrir. El rey Salomón nos cuenta que este no es el caso. Por lo contrario «¡No faltará botín!» Aunque toda persona se dedique todo el tiempo al estudio de la Torá durante toda su vida, aún habrán descubrimientos suficientes para todos.

Cada persona tiene su parte propia en la Torá. La parte de cierta persona puede ser en la interpretación del Tanaj —Biblia— la de otra en la Mishná, y la de algún otro en la Halajá —la jurisprudencia. Por eso es que al orar decimos: «Danos nuestra parte en Tu Torá». Si vemos que, pese a esto, mucha gente permanece ignorante, es solamente porque sus padres no han cuidado su educación o porque ellos mismos se niegan a estudiar.

Nuestros Sabios nos dicen que si Adán no hubiera transgredido, El Eterno hubiera dado la Torá por su intermedio aún en el Jardín del Edén. Más aún, Adán hubiera vivido todos los seis mil años de historia. Como los seres humanos hubieran gozado de inmortalidad, el mundo hubiera estado mucho más poblado que actualmente. La ocupación primaria de esas masas seguramente hubiera sido el estudio de la Torá, como está escrito: «El hombre nace para el trabajo» (*Job* 5:7). Explican los Sabios que se refiere al trabajo en la Torá.

Vemos que la Torá, que nos ha esperado desde el principio de la Creación, tiene suficiente profundidad para ocupar a toda la humanidad durante seis mil años.

(SHEM OLAM, SHA'AR HAJZAKAT HATORÁ, CAP. 10)

48. EL PEDIDO DEL POBRE ES DISTINTO AL PEDIDO DEL RICO

El rey David exclama: «Una cosa he demandado a El Eterno, ésta buscaré, que more yo en la Casa de El Eterno todos los días de mi vida, para contemplar la hermosura de El Eterno y para visitar Su Santuario» (*Salmos* 27:4). Una pregunta que podemos plantearnos acerca de este versículo es por qué el tiempo del verbo cambia de pasado («una cosa he demandado») a futuro («ésta buscaré»). Otro punto que hace falta aclarar es el contraste entre la frase «que more yo en la Casa de El Eterno» y la frase «visitar Su Santuario»: «morar» implica permanencia mientras que «visitar» alude a una situación pasajera.

Creo que estas preguntas pueden responderse mediante esta parábola:

En Rosh Hashaná –Año Nuevo– cuando la vida de todos es determinada en el Cielo, un hombre pobre comparecerá frente al Creador pidiendo un ingreso semanal de una modesta suma que le permita subsistir. Si El Eterno es generoso con él ese año y se convierte en un próspero tendero, cuando sea nuevamente Rosh Hashaná su pedido del año anterior carecerá de vigencia. En cambio pedirá un ingreso similar al de otros tenderos, para no sentirse humillado en su presencia. Si El Eterno bendice sus empresas y durante el año siguiente se convierte en un hombre realmente acaudalado, en el Rosh Hashaná siguiente nuevamente sentirá necesidad de aumentar su pedido. Siendo que el ingreso de un simple tendero sería para él un desprestigio, probablemente pedirá por riquezas aún mayores. Y el año siguiente...

Es normal que los pedidos de una persona cambien de acuerdo a sus circunstancias. Un hombre que ha merecido comandar cincuenta hombres pedirá ser capitán de cien, y si esto le fuera concedido pediría comandar a mil. Y si fuera coronado rey, sería demasiado humillante para él volver a capitanear cincuenta.

El rey David proclama en este versículo que él no se comporta de esta manera. Primero era un simple pastor que cuidaba los rebaños de su padre, en el más bajo nivel social, como está escrito: «Y me tomó de las majadas de las ovejas» (*Salmos* 78:70). En aquel tiempo el pidió una sola cosa de El Eterno. Y después de haber sido hecho rey, aún tenía el mismo pedido, a diferencia de otros príncipes que desean aún más poder.

Cuando era un pastor todo lo que pedía era morar en la Casa de El Eterno y estudiar Su Torá mientras estaba en este mundo, para poder contemplar la belleza de El Eterno en el próximo. Por otra parte, si huyese de la Casa de El Eterno durante su vida, no tendría tanto mérito en el Mundo Venidero.

El rey David pasa del término «morar» al término «visitar» porque alude a dos niveles diferentes de remuneración. «La belleza de El Eterno» alude a un nivel más bajo en el Paraíso

–*Gan Eden*– mientras que «Su Palacio» alude a un nivel más alto. David usa la expresión «visitar» respecto al nivel superior, para no implicar que se considera merecedor de quedarse allí.

De este versículo aprendemos que el mayor pedido de una persona en su vida debe ser merecer estudiar la Torá y servir a El Eterno. El razonamiento del rey David es válido para cada uno de nosotros.

En nuestros días mucha gente tiene tiempo (o puede hacerse tiempo) a mediodía, que puede ser usado para el estudio de la Torá. El problema es que sus hogares están llenos de distracciones y les parece embarazoso ir a la Casa de Estudio y que amigos y familia los consideren fanáticos.

Este no es el camino de la Torá. Uno no debe permitir que ese tipo de consideraciones le impida estudiar. El *Shuljan Aruj* dicta en *Oraj Jayim* (1:1): «Que el hombre no se avergüence antes quienes se burlen de él por servir a El Eterno». La Torá se refiere a los miembros del pueblo de Israel como los servidores de El Eterno: «son siervos Míos, a los cuales saqué de la tierra de Egipto» (*Levítico* 25:55). Los siervos de un rey nunca deben avergonzarse de ser identificados como tales dondequiera que vayan. De la misma forma una persona nunca debe avergonzarse de ser reconocido como siervo de El Eterno. Por lo contrario, debería sentirse privilegiado de ser uno de aquellos que hacen la voluntad del Rey.

Esta es otra lección que podemos aprender del rey David. Obviamente tenía muchas habitaciones en las que podía haber estudiado, sin embargo prefería «morar en la Casa de El Eterno». La razón es que uno tiene mayor posibilidad de éxito cuando estudia en la Casa de Estudio. Aprendemos en el *Shulján Aruj* que: «Quién estudia en la Casa de Estudio no olvida fácilmente (lo estudiado)».

(SHEM OLAM, CAP.10)

49. LA BÚSQUEDA DEL TESORO

Está escrito en Proverbios (2:4-5): «Si como la plata la buscares y la rastreares como a tesoros, entonces entenderás el temor de El Eterno y hallarás el conocimiento de Dios». Intentemos comprender por qué plata (o dinero) se «busca», el tesoro se «rastrea», el temor de El Eterno se «entiende» y el conocimiento de Dios se «halla». Comencemos con los dos primeros, dinero y tesoro.

Cuando una persona necesita dinero lo más común es que vaya al mercado y busque una forma de ganar algo. Si no encuentra nada ese día, volverá a su casa asegurándose a sí mismo que al día siguiente la Providencia le enviará algo. Al otro día volverá al mercado a probar suerte.

Consideremos ahora la búsqueda del tesoro:

Antes de morir un hombre rico reunió a sus hijos en derredor a su lecho de muerte y les habló: «Hijos queridos», comenzó con voz débil, «quisiera contarles algo. Hace veinte años hubo una guerra en esta región y yo temía que el enemigo capturase esta ciudad. En aquel entonces poseía mil monedas de oro, que había dividido en diez sacos y enterré al pie de la montaña al norte de la ciudad. Después de que me vaya, buscadlas y repartid su contenido entre vosotros».

Inmediatamente después de la muerte de su padre, los hijos partieron hacia el pie de la montaña y comenzaron el rastreo. Después de varias horas de rastreo aún no habían encontrado nada. Pese a eso acamparon al pie de la montaña y continuaron el rastreo día tras día hasta que finalmente encontraron el oro.

Ahora ¿por qué después de un día de rastreo fracasado los hijos de la historia no renunciaron y se fueron a su casa como el hombre del mercado?

La diferencia es que en el mercado no hay algo escondido destinado específicamente a quien busca. Por lo tanto si no encuentra nada, decide que tal vez su suerte sea mejor al día siguiente. Pero en el caso de los hijos en busca del oro, que saben que su padre ha escondido un tesoro para ellos, simplemente continúan cavando más y más profundamente hasta encontrarlo.

Estos casos son similares a la búsqueda del temor del Cielo y al estudio de la Torá respectivamente.

En el Talmud (*Nidá* 16b) los Sabios nos cuentan que antes de que un niño nace, un ángel lleva el alma a El Eterno y pregunta cuál será su suerte en la Tierra. ¿El niño será sabio o tonto? ¿Fuerte o débil? ¿Rico o pobre? El ángel no pregunta si el niño será justo o malvado porque «todo está en manos del Cielo, salvo el temor al Cielo».

De este pasaje concluimos que no hay una determinada cantidad de temor al Cielo esperando ser encontrada por nosotros. Debemos conseguirla nosotros mismos mediante el estudio de libros escritos al respecto, como *Jovot HaLevavot*, *Shaarei Teshuvá* de Rabenu Iona o *Orjot Tzadikim*.

Uno debe bregar por este asunto como lo hace para conseguir una ganancia. Si uno no tiene dinero propio para invertir, irá a los prestamistas y pedirá un préstamo. En el caso de temor al Cielo, esto significa que si a uno le falta «capital» propio debe ir a quienes lo tienen, los autores arriba mencionados, y aceptar su influencia.

Y si no logra adquirir el temor requerido después de la primera consulta con ellos (es decir después de leer esos textos una vez), no debe renunciar. A veces la mente está demasiado atribulada para internalizar lo que lee. Debería dejar que las cosas se calmen e intentarlo nuevamente al día siguiente. Sus palabras, que son como brasas ardientes, penetrarán eventualmente su ser y harán mella en su comportamiento.

Regresando al texto del versículo arriba mencionado, la frase «entonces entenderás el temor a El Eterno» corresponde a la frase anterior «si como la plata la buscares». La manera en la que uno debería buscar el temor al Cielo, es paralela a la manera en la que uno busca dinero. Sin embargo el versículo no dice que encontrarás temor a El Eterno, sino que llegarás a entenderlo. Temor a El Eterno no es algo que ha sido escondido para que una persona lo «encuentre». Si uno intenta conseguirlo tal como intenta conseguir ganancias, eventualmente lo conseguirá.

Ahora discutamos acerca del intento de conseguir saber sobre la Torá. Como es bien sabido, cada persona tiene su parte única en la Torá. El Gaón de Vilna escribe que esto es a lo que los Sabios se refieren al decir: «(Si una persona te dice) 'He bregado (en la Torá) y no he hallado', no le creas». La Torá es como un objeto que se «encuentra». Estaba presente antes de que nadie la encontrara, todo lo que hacía falta era que alguien la buscara.

A cada integrante del pueblo de Israel le ha sido concedida una parte de la Torá cuando estuvo junto con todas las almas en el monte Sinaí. Por eso oramos: «Dános nuestra parte en Tu Torá». Cuando una persona entra en este mundo y se afana lo suficiente en el estudio de la Torá eventualmente descubre la parte que le estaba destinada. Esta es la parte que atrapará su atención. Así observan los Sabios en el Talmud (*Avodá Zará* 19a): «Una persona debe estudiar lo que su alma desea, como está escrito: 'y en la Torá medita día y noche' (*Salmos* 1:2)».

La parte de uno es como un tesoro que El Eterno ha enterrado para él dentro de la misma Torá. El Eterno es un padre amante, Él no quiere que ninguno de nosotros se sienta humillado al llegar al otro mundo. Por lo tanto uno debería rastrear bien y derrengarse en esa labor, sabiendo que al final encontrará el tesoro que El Eterno ha escondido sólo para él.

En vista de lo anterior, todos deberíamos avergonzarnos. Cada uno, de acuerdo a sus capacidades y posibilidades, es culpable de no haber dedicado al estudio de la Torá el tiempo necesario. Algunas personas dilapidan toda su vida. Otras estudian durante algunos años en su juventud, pero cuando son bendecidos con familias, comienzan a hacer a un lado este asunto. Eventualmente llegan a una situación en la que ya no estudian aunque tengan tiempo libre.

Otros son mas concienzudos y hacen tiempo a diario para el estudio. Pero aún así descuidan el resto del tiempo y dilapidan varias horas al día.

Hemos aprendido que uno debe buscar la Torá como buscaría un tesoro. No deberíamos permitir que la más mínima parte del tesoro pase desapercibida. Si su padre le ha dicho que hay diez sacos y él ya ha encontrado nueve, no dirá «Me conformaré con los nueve que ya he encontrado». Volverá a buscar el décimo hasta que lo encuentre. Si no lo encuentra se considerará un tonto por permitir que un saco de oro permanezca escondido para siempre en la tierra.

Por lo tanto, uno debe estudiar con afán durante todos los días que le han sido asignados. En el transcurso de estos días debe estudiar durante cada momento disponible. Sólo de esta forma encontrará todo el tesoro que El Eterno ha escondido para él, como escribe el rey Salomón (*Eclesiastés* 9:9): «Goza de la vida con la mujer que amas todos los días de la vida de tu vanidad que te son dados debajo del sol... porque esta es tu parte en la vida».

Si en cambio un hombre deja que días y hasta horas sean desperdiciados en lugar de dedicarlos al estudio, ha elegido en forma activa dejar parte de su tesoro en la tierra. (El intelecto que El Eterno le ha dado no ha sido totalmente aprovechado. Queda potencial que no ha sido usado en su cerebro, que eventualmente se descompondrá y se volverá polvo.)

Dicha persona debe condenarse por tonta, porque ha tirado la parte que El Eterno le ha concedido. Los Sabios nos cuentan en el Talmud (*Jaguigá* 4a) que según la definición legal una persona mentalmente incompetente es aquella que tira lo que se le da.

(SHEM OLAM, CAP. 13)

50. LOS CAMPESINOS Y LA CORONA DEL REY

Todos reconocemos la extraordinaria santidad de la Torá. Por lo tanto es asombroso que la negligencia en lo que respecta al estudio de la Torá sea tan común. Intentaré explicar este fenómeno con una parábola:

Cuando en cierto país coronaron a su primer rey, todos los nobles decidieron que el rey debería tener una corona digna de la gloria del reino.

Después de investigar el asunto escucharon que en una ciudad vivía un famoso artesano capaz de realizar la tarea. Un contingente de nobles fue despachado con grandes cantidades de oro fino y piedras preciosas para engarzarlas en la corona. El artesano efectivamente creó una obra de arte digna de elogio.

En el camino de vuelta a la capital los nobles pasaron por una aldea. Vieron algunos campesinos arando a lo lejos con cinco pares de bueyes. Uno de los nobles se volvió a su colega y ofreció mostrarle un fenómeno asombroso. Llamó a los paisanos y les preguntó si querían ver un hermoso ornamento. Los campesinos dijeron que les gustaría mucho verlo, de modo que el noble sacó la corona y la mostró. Los campesinos se impresionaron de su esplendor y admitieron que nunca habían visto algo más hermoso en sus vidas.

131

Entonces los nobles les preguntaron si estaban dispuestos a dar sus bueyes a cambio de la corona. Uno de los campesinos aceptó de inmediato pero su compañero lo detuvo: «No permitiré que hagas algo tan tonto. Con estos cinco pares de bueyes podemos arar cinco grandes campos por día. ¿Qué podemos hacer con esta linda chuchería?»

En ese momento el noble dijo: «¡Tonto ignorante. Con una pequeña parte de esta 'chuchería', como tú la llamas, podrías haber comprado todos los campos y viñedos que quisieras. Es la corona del rey y su valor es incalculable!»

Así es con la Torá. Todos creemos e incluso vemos con nuestros propios ojos, que la Torá es un tesoro de profunda sabiduría. Todos admiramos su belleza. La tendencia al bien de cada persona le aconseja: «Siendo que la Torá es preciosa ¿por qué no hacer a un lado todos los asuntos terrenales que tanto te preocupan y cambiarlos por el estudio de la Torá, por lo menos durante unas horas al día?»

La hermosura de la Torá es tan atractiva que él está a punto de aceptar la oferta. Pero entonces aparece su tendencia al mal y le aconseja: «¿Cómo puedes renunciar a preciosas horas de trabajo para estudiar Torá? Durante esas mismas horas podrías ganar un poco más de dinero y comprar una casa mejor».

Su tendencia al bien le responde: «¡Qué tonto eres! ¡Cómo puedes comparar tu mercancía con la mía! (es decir la Torá). La mera comparación implicaría que la tuya es más valiosa, cuando en realidad la mía es más valiosa que el oro más fino. Los nobles de alto rango (es decir los ángeles) que tienen la mayor comprensión en estos temas, quisieran guardársela para ellos. Las gemas de la Torá están engarzadas en la corona del Rey del universo».

Ahora debemos responder a la pregunta que planteamos: ¿cómo es que esa misma gente que cree que la Torá es un magnífico tesoro pueden hacer a un lado su propio estudio de la Torá? La respuesta es que no han reflexionado suficientemente en la magnitud del valor verdadero de la Torá. Se permiten olvidar que ella emana de la sagrada corona de El Eterno. Si prestaran a este tema la consideración que se merece, se aferrarían de la Torá en toda oportunidad que se les ofreciera, ganando así su luminosidad en el Mundo Venidero.

La Torá nos informa: «No está en el Cielo, para que digas: ¿Quién subirá por nosotros al Cielo?» (*Deuteronomio* 30:12). Rashi comenta: «Porque si estuviera en el Cielo, deberíamos subir a buscarla».

(SHEM OLAM, CAP. 14)

51. EL HUÉSPED DE INVIERNO

Si uno realmente desea que su alma adquiera la santidad de un rollo de la Torá, uno debería relacionarse al estudio de la Torá como un escriba se relaciona a la escritura del rollo. El trabajo de un escriba debe ser hecho *lishmá*, es decir dedicado «en el nombre de la santidad de un *Sefer Torá*». Sólo con esa dedicación deliberada la santidad se adherirá a las palabras y a las letras del rollo que escribe.

Cuando uno estudia debería tener presente que lo que estudia es la Torá de El Eterno, la Torá del Creador del universo. Uno debería estudiar para cumplir la voluntad de Dios. Sólo así la luz de la Torá desciende sobre las palabras y las letras se inscriben en su mente. (Es suficiente hacer esa declaración mental al comienzo de la sesión de estudio, así como el escriba la hace cuando se sienta a trabajar).

De aquí que haya mucha más santidad en un rollo de Torá completo que en un trozo de pergamino que contiene unos pocos párrafos. De la misma forma hay una enorme diferencia entre el alma de alguien que apenas ha mojado sus pies en el mar de la Torá y el alma de uno que la domina. El alma de este último se transforma literalmente en un rollo de Torá.

En *Tana Devei Eliahu* se dice lo siguiente:

En el futuro, el Santo, Bendito Sea, se sentará en Su gran Casa de Estudio en Jerusalén y todos los justos se sentarán frente a Él. Cada uno será iluminado en proporción a la cantidad de Torá que hay en él.

Por lo tanto uno debería entender que todo lo que aprende en este mundo hace una impresión indeleble sobre su alma y mediante este aprendizaje merece su parte en el Mundo Venidero.

Escuché un hermoso pensamiento respecto a este tema, enunciado por el Rabí Jaim Volozhner, de bendita memoria. Él dijo que en su pueblo había una persona de pocas luces que sabía todo el Talmud de memoria. Cuando los alumnos de Rabí Jaim vieron que se ponía de pie en honor a esta persona simple, se intrigaron mucho. En respuesta a su sorpresa les preguntó retóricamente «¿No es válida la versión Sadlikov del Talmud? Cierto que el Talmud de Amsterdam carece de errores y es una edición mejor, pero la versión Sadlikov también es una copia aceptable». Decía con eso que esa persona tenía todo un Talmud impreso en su alma. Puede ser que contuviese errores, pero aún era una edición válida del Talmud.

Si uno no hace el esfuerzo requerido en este mundo, le faltarán siempre los tratados que no logró estudiar.

Uno de los grandes estudiosos lo expresó en esta bella parábola:

Cierto hombre rico partió de viaje en pleno invierno. Incluso con todas sus capas de abrigo el frío cortante lo congelaba hasta los huesos. Después de varias horas de viaje en estas condiciones, sus fuerzas comenzaron a flaquear severamente. Tarde de noche, con sus últimas fuerzas, logró llegar a una posada. Todos dormían cuando llegó. Despertó al posadero y le pidió que calentase una marmita de té. El posadero dijo que no había. El viajero le pidió si podía encontrar alguna comida caliente para él. El posadero buscó hasta encontrar unos restos, que calentó para su tembloroso huésped. El rico pidió que le trajera un poco de leche para sazonar la comida y nuevamente el posadero accedió. Reanimado por la comida caliente el espíritu del viajero se recuperó.

El rico viajero fue muy afortunado, ya que el posadero fue capaz de ofrecerle comida caliente. Pero supongamos que no fuera así ¿para qué le hubiera servido un poco de leche fría?

Así es que El Eterno insuflará al mundo el espíritu de sabiduría y conocimiento. Quien ya haya dominado una parte del Talmud o todo, aunque carezca de intelecto para comprenderlo profundamente, recibirá en ese momento la posibilidad de percibir en forma asombrosa la Torá que ha aprendido (así como el viajero, una vez que ha recibido la comida caliente, puede sazonarla con leche). Pero si la persona es negligente con el estudio ¿para qué le servirá la percepción?

¿Cuándo compilaron los grandes eruditos de todas las generaciones sus monumentales obras? Sólo después de haber grabado firmemente el Talmud en sus mentes. Sin este requisito previo ¿de qué les hubieran servido sus mentes brillantes?

Esto es aplicable a cada persona. Si se ha dedicado a adquirir saber de la Torá, con lo mejor de sus posibilidades, podrá disfrutar de las percepciones que El Eterno verterá en el mundo. Si no ha preparado nada, no le servirán de nada. Es como el poco de leche fría, que de nada le sirve a un viajero congelado, a menos que haya un plato caliente que se pueda sazonar.

El Midrash Tanjuma relata una idea similar respecto al versículo: «...oyeres atentamente la voz de El Eterno tu Dios»

(*Deuteronomio* 28:1). [La palabra hebrea *shema*, que significa «escucha» «oye», se usa dos veces en este versículo: *shamoa tishma*. El Midrash explica así la aliteración]:

Si escuchas en este mundo merecerás oír de boca del Santo, Bendito Sea, en el próximo.

Rabí Iona dice, citando a Rabí Levi, que lo dijo citando a Rabí Aba: «No era necesario que se entregase la Torá en este mundo, porque en el Mundo Venidero todos la aprenderán de boca del Santo, Bendito Sea. Siendo así ¿por qué les fue dada en este mundo? Para que cuando el Santo, Bendito Sea, les enseñe en el Mundo Venidero, conozcan el tema del que Él habla».

Por lo tanto, si uno escucha (es decir aprende Torá) en este mundo, merecerá entenderla cuando la escuche de labios del Santo, Bendito Sea, en el Mundo Venidero.

(SHEM OLAM, CAP. 5)

52. ALOJAMIENTO PARA DIGNATARIOS VISITANTES

La excusa de que uno tiene demasiadas preocupaciones y es incapaz de estudiar Torá es esencialmente inválida.

Podemos explicar la causa mediante la siguiente parábola:

Varias veces al año el rey solía reunir a los ministros de todo el país para tratar los asuntos del reino. El rey solía designar un comité que estaba a cargo de encontrar alojamiento adecuado en las casas de ciudadanos privados para los ministros de lejanas provincias.

En cierta ocasión uno de los ministros llegó a la dirección que le habían dado y fue recibido por el dueño de casa. El dueño se disculpó efusivamente, alegando que su casa no era digna de un visitante tan encumbrado y que seguramente se había cometido un lamentable error. El ministro replicó: «Conozco personalmente a los funcionarios a cargo de organizar el alojamiento y sé que fueron minuciosamente elegidos por su discernimiento e integridad. Si ven que en una casa no hay más que seis habitaciones, reservarán solamente una. Si tiene el doble, tomarán dos. Estoy convencido de que si ellos reservaron una habitación en su casa, aquí es donde tengo que estar.

Ahora consideremos la cuestión:

Si se puede confiar en un mero ser humano para que elija alojamiento de una manera racional, asumiendo por supuesto que se trata de un hombre honesto, obviamente el Rey del universo, que es la fuente de toda sabiduría, es igualmente digno de confianza. Él sabe todo lo que le sucederá al hombre y conoce todos sus asuntos. Por lo tanto, si vemos que Él ha concedido a alguien el intelecto necesario para dominar una parte de Su Torá, debe ser porque sabe que esa persona puede realizar esa labor pese a las muchas distracciones. Él sabe que la persona es capaz de hacer a un lado sus preocupaciones cuando es necesario.

Si no fuera así ¿por qué Él hubiera alojado un buen intelecto en el cerebro de tal persona? No puede ser que sea para asuntos mundanos, ya que vemos que estos no requieren demasiada percepción sino que dependen ante todo de la Providencia, como está escrito: «ni de los sabios el pan» (*Eclesiastés* 9:11). Lógicamente hablando, si El Eterno aloja este intelecto en ese particular alojamiento, Su intención debe ser que sea usado para Sus propósitos.

Salmos (50:21) plantea: «te reprenderé y las pondré delante de tus ojos» El Midrash explica que en el Mundo Venidero, el

Santo, Bendito Sea, reprenderá a cada uno de acuerdo a las oportunidades que tuvo a su disposición. Esperará de cada uno determinado grado de conocimiento de la Torá y observación de los preceptos, proporcional al intelecto que Él le dio. Puede ser que una persona simple sea mejor vista en el juicio de El Eterno que un estudioso, porque El Eterno no le pide más que lo que es capaz de dar. El estudioso, por otra parte, puede haber hecho mucho menos de lo que sus capacidades le permitían.

(Shem Olam, cap. 6)

53. Un discípulo es como un hijo

En Jeremías (31:19) dice: ¿No es Efraín hijo precioso para Mí? ¿no es niño en quien Me deleito? Pues desde que hablé de él Me he acordado de él constantemente. Por eso Mis entrañas se conmovieron por él, ciertamente tendré de él misericordia, dice El Eterno». A primera vista la traducción literal «niño en quien Me deleito» no parece tener sentido, pero puede ser entendida de alguna forma mediante la siguiente analogía:

Uno de los grandes estudiosos de la Torá tenía un discípulo talentoso que había sido su alumno durante muchos años hasta convertirse en un erudito por derecho propio. Eventualmente el discípulo se fue a otra ciudad donde continuó sus estudios por un número de años hasta dominar todo el Talmud y estar a la par de los estudiosos más eminentes de su generación.

Un día se encontraron el maestro y su ex discípulo en una posada. El maestro estaba alborozado y le pidió al posadero que les trajera el mejor vino y los manjares más delicados en honor a su ilustre discípulo. El posadero preguntó sorprendido: «¿No son los jóvenes quienes generalmente veneran a los mayores y no al revés?»

El Rabí explicó: «Este joven es mi discípulo. Yo le di las bases de su saber y le ayudé a pararse sobre sus propios pies. Por ello su éxito me produce una enorme alegría. Lo recordaré mientras viva».

Cuando una persona estudia Torá, su verdadero mentor es El Eterno. Es Él Quien le otorga la habilidad de comprender lo que está estudiando. Por eso nos dirigimos a El Eterno en nuestras plegarias como: «El que enseña Torá a Su pueblo Israel». El versículo agrega: «Soy El Eterno Quien te enseña por tu provecho» (*Isaías* 48:17). (La forma verbal es presente: «enseña», lo que indica que la enseñanza de El Eterno es un proceso constante).

Más aún, en el preciso instante en que una persona pronuncia palabras de la Torá, El Eterno pronuncia las mismas palabras en el Cielo. El Talmud (*Guitin* 6b) narra una disputa entre Rabí Eviatar y Rabí Ionatan, después de la cual Rabí Eviatar se encontró con el Profeta Eliahu –Elías. Rabí Eviatar le preguntó qué estaba haciendo El Eterno mientras ellos discutían. El Profeta Eliahu respondió que El Eterno estaba absorto en la misma controversia que ellos y decía «Mi hijo Ionatan dice esto y Mi hijo Eviatar dice esto otro, y ambos tienen razón». En otras palabras, en el momento en el que argumentan, El Eterno dice las mismas palabras.

Este es el significado del versículo en Jeremías: Efraín es efectivamente precioso para El Eterno, pero ¿en qué condiciones? Si es «niño en quien Me deleito» [véase *Proverbios* 8:30 donde la Torá personificada aparece diciendo «Y era Su delicia de día en día»]. En otras palabras, si se dedica al estudio de la Torá.

Uno podría sentirse tentado de preguntar: ¿No son todos los preceptos preciosos para El Eterno? ¿Por qué una persona sólo es llamada «favorita» si se dedica al estudio de la Torá? Para responder a esta pregunta, sigue el versículo: «pues desde que hablé de él», es decir, cuando dicen palabras de la Torá haciendo que también El Eterno diga las mismas palabras, es decir, cuando se hace precioso para El Eterno al convertirse en Su discípulo. Como resultado, El Eterno Se ha «acordado de él constantemente». Y por eso «Mis entrañas se conmovieron por él» y «ciertamente tendré de él misericordia, dice El Eterno».

En otras palabras, El Eterno lo recordará y Se compadecerá de él siempre y cada vez que esté necesitado.

(JOMAT HADAT, CAP. 11)

54. RECOGIENDO LA RECOMPENSA

Los Sabios enseñan en el Talmud (*Sanhedrín* 99b): «Quien se afana en el estudio de la Torá con intenciones puras hace la paz entre las huestes Celestiales y las terrenales. Así está escrito: '¿O forzará alguien Mi Fortaleza? Haga Conmigo la paz; si, haga paz Conmigo' (*Isaías* 27:5). Rav dice que es como si construyera los palacios terrenales y Celestiales de El Eterno. Por eso está escrito: 'Y en tu boca he puesto mis palabras... extendiendo los Cielos y echando los cimientos de la Tierra' (*ibid.* 51:16)».

Este dictamen de Rav nos puede ayudar a comprender un versículo difícil en el libro de los Salmos (62:13): «Y Tuya, El Eterno, es la benevolencia, porque tú pagas a cada uno de acuerdo a su obra». Muchos se preguntan por qué es una acto de benevolencia de parte de El Eterno retribuir a quien observa Sus preceptos.

La explicación es la siguiente:

Imaginad que una persona ha diseñado una máquina nueva que permita construir una ciudad entera en un solo día. Cuando termina de perfeccionar su invención la lleva al palacio para presentarla ante el rey. Obviamente el rey está muy satisfecho con él y quiere recompensarlo como sólo un rey puede hacerlo. Es inconcebible, sin embargo, que el rey le conceda el dominio de las ciudades que sean construidas con su artefacto o que le dé crédito como si las hubiera construido él mismo.

De la misma forma, cuando un hombre estudia Torá en este mundo, sus palabras sostienen los Cielos y la Tierra, como lo explicamos anteriormente. Pero ¿es él el verdadero constructor de los palacios que llevan su nombre? Después de todo El Eterno renueva diariamente toda la Creación. Más aún, las palabras que uno estudia sostienen el mundo solamente porque El Eterno les insufla ese poder.

De modo que es un acto de benevolencia por parte de El Eterno darle crédito al que ha estudiado, como si él mismo hubiera construido todos esos palacios. Ese es el significado del versículo en Salmos: «Tuya, El Eterno, es la benevolencia..» y la profunda significación de la frase de Rav: «es como si construyera...»

(SHEMIRAT HALASHON, SHA'AR 3, CAP. 2)

55. EL PRÍNCIPE EN EL DEPÓSITO DE CARBÓN

Hasta este momento hemos intentado meramente atisbar a la santidad de la Torá, el eje que sostiene al mundo entero. Los libros místicos nos dicen que si en un momento dado no se estudiara Torá en ningún lugar de este mundo, toda la creación dejaría de existir. El santo Zohar determina:

El Santo, Bendito Sea, ha creado el mundo con un aliento y lo sostiene con un aliento, es decir el aliento de quienes estudian Torá.

Para nuestra vergüenza, alguna gente grosera denigra a los estudiosos empobrecidos, creyendo que como son pobres carecen de valor. Una vez escuché de boca de un famoso sabio que esta actitud es semejante a la del príncipe arrogante e ignorante, que una vez partió de viaje en barco...

El príncipe había reservado un pasaje en un elegante y rápido transatlántico y estaba impresionado por la velocidad con la que el barco se deslizaba por el mar. Eventualmente lo venció la curiosidad y le preguntó a sus asistentes: «¿Quién está pedaleando tan rápido?»

Los sirvientes le explicaron pacientemente «Muchos pisos bajo cubierta hay una sala especial en la que arde una enorme máquina, y es ella la que impulsa el barco con tanta velocidad».

El príncipe pidió ver la máquina, de modo que lo llevaron a los niveles más bajos del barco. Allí vio que la sala de máquinas estaba negra de hollín, así como los rostros de los marineros que atendían la máquina. Observó: «No está bien que un barco tan bello sea tan sucio por dentro, con paredes tan negras y trabajadores de aspecto tan desagradable». El príncipe ordenó que se eliminaran las paredes negras y se expulsara a los trabajadores sucios. Desgraciadamente en el momento en que las desagradables entrañas del barco fueron eliminadas, el transatlántico se hundió en el mar.

Debemos entender que el mundo entero, incluyendo todas las magníficas huestes Celestiales, está sostenido solamente por humildes estudiosos de la Torá en sus sinagogas y casas de estudio, con las caras ennegrecidas por su diligencia (esta es una metáfora por su sacrificio al soportar privaciones e incluso pobreza con el fin de estudiar la Torá). Si no fuera por ellos todo regresaría al caos. Sus estudios son la «máquina» que sostiene al mundo.

De hecho, este es el significado del versículo: «El Eterno dijo así: El Cielo es Mi trono y la tierra estrado de mis pies... Mi mano hizo todas esas cosas y así todas esas cosas fueron, dice El Eterno. Pero miraré a aquel que es pobre y humilde de espíritu y que tiembla ante Mi palabra» (*Isaías* 66:1-2).

En otras palabras, aunque El Eterno forme todo con Sus manos y todo es glorioso y maravilloso, Su mirada descansa ante todo en el pobre y humilde estudioso que tiembla ante Sus palabras. Esto sucede porque sólo la preocupación del estudioso por Su palabra sostiene a todos los demás.

Los Sabios nos dicen que El Eterno puso una condición al universo al crearlo: «Si el pueblo de Israel acepta Mi Torá, bien, pero en caso contrario devolveré todo al caos». Lo que continúa siendo cierto.

Esto debería darle al lector alguna idea acerca del significado de la Torá. Debería asimismo mostrarle cuán diligente debería ser en observarla y qué honor es estudiarla, aunque sea indigente, porque los estudiosos son el pilar central del mundo. Uno también debe educar a sus hijos a respetar a los estudiosos de la Torá.

(JOMAT HADAT, CAP. 12)

56. ¿DÓNDE UBICAR LOS UTENSILIOS DE COCINA?

La Torá dice: «Y amarás a El Eterno tu Dios... Y estas palabras... estarán sobre tu corazón y las enseñarás a tus hijos...» (*Deuteronomio* 6:5-7). Debemos intentar comprender por qué el mandamiento «y las enseñarás a tus hijos» no aparece inmediatamente después de que se nos ha ordenado amar a El Eterno. ¿Por qué es necesario determinar que las palabras estén «sobre tu corazón»?

La respuesta puede encontrarse refiriéndose al versículo tal como es. Intentaré explicarlo mediante una analogía:

Es común poner trastos poco importantes como ollas y sartenes en la cocina. Si se descubriera que la criada, en un momento de distracción, puso una de las sartenes de freír en la vitrina donde suelen exponerse los utensilios de plata que adornan la sala principal, la sacarían de allí de inmediato. En la sala principal, suelen desplegarse artículos preciosos para que sean admirados.

Si un hombre decide exponer sus ollas y sartenes en el medio de la sala, la gente pensará que está loco.

El corazón de una persona reina sobre todos sus miembros y órganos. Allí es donde su fuerza vital está situada. Así está escrito: «Sobre toda cosa guardada, guarda tu corazón, porque de él mana la vida» (*Proverbios* 2:23). El corazón es la sede de la facultad de pensamiento, mientras que el estómago es simplemente donde se digieren la comida y la bebida.

Sabemos que la Torá de El Eterno es la más importante de todas Sus creaciones. En realidad precedió al mundo entero, como está escrito: «El Eterno me poseía en el principio, ya de antiguo, antes de Sus obras» (*ibid.* 8:22). Todo lo relacionado a la comida fue creado en una etapa más tardía. La vegetación, por ejemplo, fue creada solamente en el tercer día, mientras que los animales no fueron creados hasta el sexto.

Comprendiendo que la Torá es la creación preferida de El Eterno, deberíamos grabarla en nuestros corazones constantemente. Otras cosas, como las pertenecientes a la comida y la bebida, deberían aparecer en nuestros pensamientos sólo a intervalos.

Desgraciadamente, al examinar nuestras prioridades, vemos que sucede precisamente lo contrario. Nuestra preocupación primera es comer, beber o suplir otras necesidades corporales. Esto es lo que está grabado indeleblemente en nuestros corazones. La Torá de El Eterno y Sus preceptos entran en nuestro pensamiento solamente de vez en cuando. Es como si fuéramos el loco de la anécdota anterior, que decide guardar sus trastos de cocina en la sala.

Por eso el versículo nos advierte: «Y estas palabras... estarán sobre tu corazón». Es decir que deben estar en nuestros corazones constantemente, a diferencia de nuestros otros asuntos.

(JOMAT HADAT, CAP. 15)

57. TRATAMIENTO DE UN PACIENTE DE EMERGENCIA

Me gustaría mencionar aquí un asunto al que hay que prestar mayor atención en nuestros tiempos, o arriesgamos a que el mundo pierda consciencia del honor del Cielo. Los Sabios nos cuentan en el Talmud (*Temura* 14b): «Es preferible que se contravenga una ley de la Torá antes que Israel olvide la Torá». La razón es que cuando uno contraviene una ley determinada, aunque deba rendir cuentas por ello alguna vez, sigue existiendo. Por otro lado, si alguna vez la Torá fuera olvidada, que el Cielo lo prohíba, no podemos ni imaginar cuál sería el resultado final.

Para nuestra vergüenza han surgido nuevas conductas. Hasta hace unos pocos años el Mal Instinto se conformaba con tentar a la gente a cometer transgresiones aisladas. Nunca se trataba de persuadirles que abandonaran su compromiso con el estudio de la Torá. Siendo que el alma es una chispa divina procedente de las alturas, en el momento en el que se sentaba a estudiar y comprendía que había hecho algo en contra de la voluntad de El Eterno, inmediatamente se inspiraba y se arrepentía.

En estos días la tendencia al mal se ha descarrilado completamente e intenta hacer que la Torá se olvide. Mucha gente envía a sus hijos a escuelas tradicionales sólo hasta que aprenden el abecedario y la fonética básica, para que puedan leer el libro de plegarias. Algunos permiten que sus hijos continúen y aprendan un poco de Torá, aunque también esto está mezclado con todo tipo de tonterías de fuentes externas.

Sólo uno por mil envía a su hijo a estudiar alguna parte de la Torá oral, Mishná o Talmud, aunque fue con la Torá oral que El Eterno hizo Su pacto con Israel, como nos cuentan los Sabios en el Talmud: (*Guitin* 60b). Derivan esto del versículo: «porque conforme con estas palabras He hecho pacto contigo y con Israel» (*Éxodo* 34:27). («conforme con estas palabras» significa en traducción literal «en boca de estas palabras», se refiere a la Torá, ya que originalmente ésta fue transmitida oralmente).

En pocos años habrán ciudades enteras sin un solo estudioso de la Torá. Para entonces hasta las leyes más fundamentales de la Torá serán extrañas para ellos. Incluso en estos días, para nuestra vergüenza, en ciertas ciudades las casas de estudio están cerradas durante el día porque no hay quien las use. El Mal Instinto trabaja con todas sus fuerzas para «congelar» la idea del estudio de la Torá, tanto entre viejos como entre los más jóvenes.

Ay de nosotros que tal situación se haya dado en nuestros tiempos. Sólo una generación atrás todas las escuelas estaban llenas de jóvenes estudiando Talmud seriamente. Habían centros de estudio –*yeshivot*– y colegios de Torá en cada esquina.

Todas las casas de estudio estaban llenas de trabajadores así como de estudiosos, dedicándose con amor al estudio. Pero ahora, en una sola generación, nos hemos hundido en forma tan asombrosa, que no es común encontrar un niño que sepa aunque solo fuera el Pentateuco, los primeros cinco libros de la Biblia –*Jumash*– como se debe.

Por todo lo que sabemos, la situación del pueblo de Israel es cada vez más desesperada y la pobreza y la enfermedad son tan corrientes que casi todos han sido tocados por el sufrimiento, tanto el propio como el de sus hijos. Todos se preguntan por qué El Eterno nos ha hecho esto. La respuesta es clara. Es por haber abandonado el estudio de la Torá.

Los Sabios nos cuentan en el Talmud (*Shabat* 33b) que la guerra y el pillaje entran al mundo como consecuencia del descuido en el estudio de la Torá y la profanación del sábado –*shabat*. Está escrito: «Y traeré sobre vosotros la espada vengadora para vengar el pacto». El «pacto» al que se refiere es la Torá y respecto a ella dice el versículo: «Si no permanece Mi pacto día y noche, Yo no he puesto las leyes del Cielo y la Tierra» (*Jeremías* 33:25).

En otro lugar aprendemos: «Quien olvida un detalle de sus estudios causa a sus hijos el exilio, en base al versículo: «y porque olvidaste la Torá de tu Dios, Yo también me olvidaré de tus hijos» (*Oseas* 4:6). Y como lo hemos discutido antes, los Sabios dicen que el mundo se sostiene sólo por el aliento de los niños que estudian la Torá.

Hoy día, para nuestra vergüenza, miles y miles de niños son privados de una educación en la Torá por sus padres. Incluso aquellos que los envían a escuelas tradicionales permiten que el «aliento de los niños» sea diluido por los temas seculares que reemplazan la Torá de El Eterno. No es milagro que el mundo esté en estado de colapso si los pilares que lo sostienen están siendo destruidos.

Este estado de cosas es descrito por el Profeta Oseas: «porque El Eterno contiende con los moradores de la tierra, porque no hay verdad, ni misericordia, ni conocimiento de Dios en la tierra» (*Oseas* 4:1). El Midrash explica: «'no hay verdad' significa que no se dicen palabras de la Torá, como está escrito: 'Compra la verdad y no la vendas'» (*Proverbios* 23:23)».

En lo que respecta al «conocimiento de Dios» el sentido es obvio, la gente simplemente deja de pensar en la grandeza del Dador de la Torá y Su Providencia. Se privan tanto ellos como sus hijos de una educación en la Torá porque no le ven beneficios prácticos, su fe en la Providencia ha flaqueado y la Torá se ha degradado para ellos.

Si no hay estudio de la Torá y no hay fe, la situación consecuente será la descrita en el versículo siguiente (*Oseas* 4:2): «Perjurar, mentir, matar, hurtar y adulterar prevalecen». El profeta concluye su profecía (4:3) diciendo: «Por lo cual se enlutará la tierra y se extenuará cada morador de ella». Lamentablemente todas las palabras de esta profecía se han cumplido en nuestros tiempos.

Y sin embargo, no todo está perdido, porque la luminosidad y la santidad de la Torá pueden restaurarlo todo hasta que sea como debe ser. Pero ante todo debemos fortalecer el estudio de la Torá si esperamos curar los males del mundo. Los Sabios nos cuentan que la razón de la destrucción de Jerusalén fue el descuido en el estudio de la Torá, como está escrito: «¿Por qué causa la Tierra ha perecido?... Dijo El Eterno: porque dejaron Mi Torá» (*Jeremías* 9:12).

Quien toma seriamente el temor al Cielo y se siente preocupado por el sufrimiento de sus hermanos no debe callarse. Debe hacer todo lo posible para despertar a la gente, para animar a los débiles y dar coraje a quienes les flaquea el compromiso. Persuadirlos de renovar su dedicación al único ideal del que depende todo: el estudio de la Torá.

He comparado esta situación a la de un hombre que ha sido gravemente herido:

Un hombre cae en un hoyo profundo y sufre graves heridas en todas partes de su cuerpo. Gente que pasaba se apresuran a llamar al médico y a notificar a la esposa y la familia del accidentado. Entretanto los presentes comienzan a atender a las diversas heridas que le causó la caída.

Cuando llega el médico examina al paciente y entiende que el hombre está en condición crítica. El médico se vuelve a los preocupados amigos y miembros de la familia del paciente y les pregunta: «¿Por qué perdéis tiempo tratando las heridas externas? ¿No veis que está casi muerto? Lo primero que debemos hacer es resucitarlo, después nos encargaremos de sus heridas».

De la misma manera nuestro pueblo ha sufrido serias heridas en sus miembros espirituales. Pero nuestra primera prioridad debe ser preservar la fuerza que lo mantiene en vida, que es la luz de la Torá, como lo dice el versículo: «porque es vida para ti y prolongación de tus días» (*Deuteronomio* 30:20). Cuando el aliento de vida de la Torá ha sido recobrado, el resto de sus miembros ya se curará. Como lo dicen los Sabios: «La luz en ella los devolverá al camino del bien».

El estudio del Talmud debe ser reforzado en las escuelas y los mismos colegios de Torá deben ser reforzados. Los Maestros de cada población fomentarán la formación de grupos de estudio para Talmud y Mishná, grupos que deben incluir personas de todas las edades. Sólo de esta forma los fundamentos de la vida en la Torá serán fortalecidos, de modo que el rostro de El Eterno brille nuevamente.

Que Él nos envíe a Su justo redentor rápidamente, como está escrito: «Aunque dispersos estén entre las naciones, ahora los juntaré» (*Oseas* 8:10).

Amén, que se haga Su voluntad.

(JOMAT HADAT, CAP. 4)

58. LOS ÚLTIMOS DÍAS CON EL PADRE

Un mercader estaba por partir a un largo y peligroso viaje, del que se temía que nunca regresase. Así que eligió pasar todo el tiempo posible con sus hijos y familia antes de partir. Todos los miembros de su familia deseaban prolongar esa visita lo más posible, pues faltaba poco para que se fuera.

Este hombre tenía un hijo con quien tenía una relación muy cercana. El pensamiento acerca de la inminente partida de su padre entristecía profundamente al hijo. Esos pocos días que les quedaban para compartir eran muy preciosos para él.

Inesperadamente surgió un urgente asunto relacionado con los negocios del hijo, un asunto que generalmente lo hubiera alejado de su hogar. En esas circunstancias, sin embargo, se negó a moverse, aún sabiendo que perdería una elevada suma de dinero. Su único pensamiento era: «Si no pasamos estos días juntos, puede que ya nunca tengamos la oportunidad de hacerlo».

De la misma forma, uno debería tomar en consideración que tiene solamente un tiempo limitado para conversar con El Eterno, estudiar Su Torá y observar Sus preceptos. Una vez transcurrido ese tiempo la oportunidad no volverá. ¡Qué preciosos son esos días para uno!

Esos son los días en los que uno puede hablar directamente con el Rey del universo y estudiar Su Torá, aprendiendo más sobre ella con cada día que pasa. Esta dichosa situación no durará mucho. Muy pronto uno deberá dejar este mundo, quiéralo o no. Lo que no ha logrado aprender le faltará para siempre. Esta posibilidad debería llenarlo a uno de dolor.

¡Cuán ansioso debería estar uno de ganar su recompensa eterna durante la breve estadía en esta Tierra! Aunque se le presentara la posibilidad de un negocio enormemente provechoso, debería rechazarlo si interfiere significativamente con su período de estudio. Los Sabios nos aconsejan en *Tratado de Padres*: «Reduce tus ocupaciones y ocúpate de la Torá». Debes actuar como el hijo de la historia, que por amor a su padre se negó a moverse.

A este concepto se alude en Eclesiastés (9:9): «Goza de la vida con la mujer que amas, todos los días de la vida de tu vanidad que te son dados debajo del sol... porque esta es tu parte en la vida». (Rashi explica que la «mujer» en este versículo es una metáfora de la Torá).

A cada persona le ha sido asignada la parte de la Torá que es capaz de aprender durante su vida. Esta es su parte de vida eterna. En forma correspondiente, le han sido asignados los días que necesitará para conseguir el nivel de comprensión que El Eterno desea que tenga. Si malgasta aunque más no fuera uno de sus días, habrá perdido para siempre la Torá que debería haber estudiado durante ese día. Este es el significado de la frase: «todos los días de la vida de tu vanidad».

De la misma forma la misma Torá nos advierte: «Por tanto guárdate... para que no te olvides las cosas que tus ojos han visto, ni se aparten de tu corazón todos los días de tu vida» (*Deuteronomio* 4:9). Como explican los Sabios en el Talmud, ésta también es una referencia a la Torá.

Los Sabios nos cuentan en otra parte del Talmud: (*Shabat* 31a), que cuando un hombre comparece ante el tribunal

Celestial, una de las primeras preguntas es: «¿Tenías un horario fijo para estudiar?» En otras palabras, uno debería reservarse tiempo para estudiar a diario, sin olvidar ni un día. Si no tiene tiempo durante el día, que estudie por la noche. Así nos dice el Talmud: «Rabí Aja bar Yaakov solía pedirle prestado al día y devolver lo pedido por la noche».

Afortunado es quien presta atención a esto, porque seguramente servirá a El Eterno con dedicación y alegría.

(JOMAT HADAT, CAP. 17)

59. EL HIJO DEL NOBLE Y LA TIERRA DE LAS GEMAS

En el primer párrafo de la plegaria denominada *Shemá*, recitamos el versículo: «y las repetirás a tus hijos y hablarás de ellas estando en tu casa, y andando por el camino y al acostarte y cuando te levantes» (*Deuteronomio* 6:7). Este versículo describe nuestra obligación de enseñar y estudiar la Torá.

Los Sabios nos dicen que la palabra *veshinantam* (literalmente «enseñar repitiendo») implica que los conceptos de la Torá deben ser tan claros para nosotros que si alguien nos pregunta acerca de uno de ellos, seamos capaces de responder de inmediato y sin hesitación.

De la misma forma, en el segundo párrafo del *Shemá* recitamos el versículo: «Y las enseñareis a vuestros hijos hablando de ellas cuando te sientes en tu casa...» (*ibid.* 11:19). Los Sabios concluyen de esto que uno debe enseñar a sus hijos a repasar constantemente sus estudios (Talmud, *Berajot* 14b). Ambos versículos indican que debemos ocuparnos con el estudio en cada momento libre, sea cuando estamos sentados en el hogar o de viaje.

La Mishná en *Tratado de Padres* nos advierte: «Quien camina solo por su ruta y se deja vencer por la vanidad es responsable de su propia muerte». Lo mismo en lo que respecta al versículo: «y menospreció la palabra de El Eterno» (*Números* 15:31), los Sabios del Talmud comentan: «Esto se refiere a quien tuvo la oportunidad de estudiar Torá y la desdeñó» (*Sanhedrín* 99a). Los Sabios no implican que el culpable dejó completamente de estudiar. Por lo contrario, puede que tenga un horario fijo para estudiar. Pero cada vez que una persona tiene la oportunidad de estudiar y no la aprovecha, cae en la categoría de quienes «desdeñan la palabra de El Eterno», que lo prohiba el Cielo.

En el Talmud (*Shabat* 31a) aprendemos que una de las primeras preguntas que le plantean a quien comparece ante el tribunal Celestial para ser juzgado es: «¿Tenías un horario fijo para estudiar?» Sin embargo, las posteriores autoridades en el tema, señalan que aunque uno tenga un horario fijo para estudiar esto no lo exime de estudiar en otros momentos.

La Mishná (*Peá* 1:1) nos dice que el estudio de la Torá es uno de los preceptos que carece de medida designada. Como lo observa el Talmud de Jerusalén, esto significa que tampoco hay un máximo. Fijar un horario es simplemente determinar lo mínimo que uno debe hacer, aunque esté ocupado ganándose la subsistencia. El horario fijo debe ser considerado inviolable, no importa qué suceda. Pero en caso de tener tiempo adicional, también se debe estudiar.

Una vez que una persona está estudiando no debe interrumpirse, ni siquiera para hacer un precepto, si ese precepto puede ser hecho por alguien que no está estudiando.

Intentemos comprender por qué la Torá ha impuesto tal carga, de modo que nadie esté ocioso de estudio ni por un instante, incluso al caminar por la calle. Pero antes de responder a esta pregunta debemos intentar resolver otro misterio que seguramente intriga a una mente perceptiva. ¿Con qué fin ha sido expulsada el alma de su hogar en el mundo superior a esta baja Tierra, donde debe cubrirse de este crudo cuerpo físico?

Podemos intentar responder a esta pregunta con ayuda de la siguiente analogía:

Imaginad una familia de aristócratas, viviendo entre lujos y comiendo sólo los más finos manjares. Un día, el patriarca de la familia envía a su hijo a un desierto remoto, donde el joven se verá forzado a vestirse con vestimentas gruesas y burdas para calentarse y a comer comida simple. Mientras se encuentre allí deberá asociarse con gente de pueblo con quienes no tiene nada en común.

Obviamente el padre tendrá una excelente razón para tomar una medida tan drástica. En realidad, tiene información sobre ese lugar, que al parecer está repleto de gemas preciosas, extraordinarias en tamaño y brillo. Los rústicos locales no aprecian el valor de las piedras preciosas, al ser tan comunes en su tierra. Asumen que piedras de ese tipo se encuentran en todo el mundo.

El hijo del aristócrata, por otro lado, es una persona refinada. Sabe discernir si una gema es digna de la corona de un rey. En el transcurso de su estadía en aquel lugar, amasará una fortuna substanciosa y cuando regrese a su hogar y despliegue sus adquisiciones, será la envidia de todos.

El caso del alma es similar, salvo que la ganancia es miles de veces mayor. Sabemos que el Rey del universo está rodeado de majestad y esplendor y que las almas de Su pueblo tienen un lugar junto a Su trono. Son considerados Sus hijos, como está escrito: «Hijos sois de El Eterno, vuestro Dios» (*Deuteronomio* 14:1). Sabemos también que un momento de dicha en el Mundo Venidero es más deseable que toda una vida en este mundo.

¿Cómo es posible, entonces, que Él arranque al alma de ese lugar de honor, y la envíe a un largo viaje a una tierra tan burdamente material? En el camino las almas deben atravesar todos los mundos bajos y cuando llegan deben cubrirse con vestimentas hechas de polvo terrenal (es decir, el cuerpo humano), porque así es como el hombre fue formado: «Entonces El Eterno, Dios, formó al hombre de polvo de la tierra y sopló en su nariz aliento de vida» (*Génesis* 2:7).

La pregunta es aún más intrigante cuando comprendemos que El Eterno suele actuar con la mayor benevolencia y misericordia hacia Sus criaturas, especialmente aquellos a quienes El considera Sus «hijos». ¿Cómo puede Él enviarlos tan lejos del hogar, a vestirse con harapos durante la duración de su vida humana? ¿Cómo puede Él hacer que se sustenten de materias derivadas del polvo, en lugar del sustento Celestial al que están acostumbrados?

Obviamente debe haber una elevada razón para ello. Los libros místicos lo explican así: es cierto que la alegría que experimenta el alma en el reino superior es enorme. Sin embargo, todo lo que allí recibe es un regalo inmerecido. Cuando alguien depende de los favores de otro durante un tiempo indefinido la situación se hace gradualmente insoportable. Esto es cierto incluso cuando se trata de un hijo y un padre, aunque el hijo sepa que el padre desea solamente su bien. Si este es el caso en este mundo, donde el período de dependencia es generalmente limitado, imaginad cuánto mayor debe ser el sufrimiento en el mundo eterno. Si el alma no fuera enviada a este mundo, se vería forzada a vivir de caridad para siempre. Por esta razón El Eterno cree adecuado enviar el alma a un lugar donde pueda ganar su recompensa, de modo que la pueda disfrutar sin vergüenza en el Mundo Venidero.

Os preguntaréis por qué El Eterno no creó un sistema para aprender Torá y cumplir los preceptos sin tener que dejar el mundo superior. Después de todo nada está encima de Su capacidad. Siendo así ¿por qué era necesario enviar al alma aquí abajo?

La respuesta es que la recompensa por un precepto es proporcional a las dificultades y al reto que implica cumplirla. Un alma incorpórea no se mide con problema alguno para cumplir la voluntad de El Eterno. Vive en consciencia total de la grandeza de El Eterno, y el temor a Él está continuamente presente.

Estando en el Cielo, el alma es testigo de las decenas de miles de ángeles que santifican el nombre de El Eterno temerosos y temblorosos, como está escrito: «millares de millares Le servían y millones de millones asistían delante de Él» (*Daniel* 7:10). No tienen permitido santificar al Creador cuando lo desean, sino que tienen que esperar ese permiso. Para algunos llega una vez al año, para otros cada siete años y para otros cada cincuenta (Talmud, *Julin* 91b). ¿Qué probaría servir a El Eterno cuando el alma es testigo de todo esto? ¿Y si no hay examen, qué recompensa se merecería?

El Eterno desea que el alma gane su recompensa bregando duramente. Por esta razón la envía al mundo de abajo. En este mundo, la gloria de El Eterno está oculta. Aquí no hay señal alguna de la imponente escena arriba descrita. Mediante introspección, uno puede apenas vislumbrar la gloria de El Eterno, como dice el profeta: «Levantad en alto vuestros ojos y mirad quien creó estas cosas» (*Isaías* 40:26).

Más aún, El Eterno creó el espíritu de la impureza para desalentarnos de cumplir Su voluntad, y Él lo ha cubierto de burdos ropajes, hechos de polvo. Esta vestimenta ha sido imbuida de alma animal, poseída por la inclinación hacia la lujuria, la ira y el deseo.

El resultado es que uno se encuentra en el medio de una furiosa batalla entre las diferentes tendencias de su alma animal y su alma espiritual, que se opone a esas inclinaciones. El alma espiritual comprende que uno no ha de vivir para siempre. Un día, el cuerpo físico retornará al polvo y las inclinaciones destructivas provenientes de él desaparecerán. Entonces el alma regresará a El Eterno. El espíritu entiende que su felicidad eterna depende del cumplimiento de la voluntad del Creador mientras se encuentra en este mundo, porque por esa razón ha sido enviado aquí.

La lucha entre sus dos tendencias no tiene lugar una vez al año o una vez al mes o incluso una vez a la semana, sino cada día, de la mañana a la noche.

El Eterno, en su gran amor por Su pueblo y por los Patriarcas, deseó que el alma espiritual gane esta batalla. Por ello Se reveló en el monte Sinaí en presencia de todo el pueblo y Les habló cara a cara. En aquel tiempo Él hizo un pacto con ellos y les dio Su sagrada Torá. Si uno se aferra de la Torá tiene la victoria garantizada. Su alma estará unida para siempre a El Eterno, la Fuente de la verdadera vida, y será capaz de recibir su recompensa con alegría y deleite.

Pero el tiempo es corto y nuestros días son limitados. Por lo tanto El Eterno nos ha ordenado no perder tiempo. De no ser así ¿cuánto será capaz de aprender una persona durante su breve estadía en este mundo, considerando que el mundo al que irá es de duración infinita? Por eso la Torá nos advierte: «y hablarás de ellas estando en tu casa y andando por el camino...» (*Deuteronomio* 6:7). No hay tal cosa como «tiempo libre».

Cada palabra que aprende el hombre es un precepto separado. Cuando uno cumple con un único precepto, adquiere un defensor en la corte Celestial. En el transcurso de un período de veinticuatro horas una persona puede acumular miles de preceptos. Si es diligente, puede conseguirse millones de ángeles defensores. ¿Imagináis lo que puede lograr en toda una vida dedicada al estudio?

Los pasajes bíblicos nos informan que «Las riquezas traen muchos amigos» (*Proverbios* 19:4). El Gaón de Vilna explica que «riqueza» aquí es la abundancia en saber de la Torá. Los «muchos amigos» que adquiere son los ángeles creados por cada palabra de Torá que pronuncia la persona.

Ahora tenemos la respuesta a la pregunta que hemos planteado antes acerca de la razón por la que el alma es enviada a este mundo. Es necesario para que pueda gozar de los frutos de su propia labor, lo que endulzará su recompensa eterna. Esto es posible por la entrada del alma a este mundo, donde la persona será capaz de emprender una fiera batalla y salir victoriosa.

Ya que es nuestra tarea en este mundo, El Eterno requiere de nosotros que no tengamos un solo momento de ocio. Esta es la tierra en la que uno puede adquirir la dicha eterna. Las «piedras preciosas» de los preceptos están sembradas en cada rincón, si la pereza no nos impide recogerlas.

Desgraciadamente la naturaleza humana no aprecia aquello a lo que se ha acostumbrado. Siendo que la Torá y los preceptos están a nuestra disposición y en muchos casos no cuestan nada, mucha gente no los aprecia. Esto es similar a los campesinos en la tierra de las gemas, que no apreciaban su valor. Las ven tiradas por ahí todos los días y ni se molestan en recogerlas porque les parecen tan comunes.

Sin embargo esto es cierto sólo para personas de poca inteligencia. Una persona perceptiva, que no ha sido afectada por la enfermedad de lo físico de este mundo, percibe su valor de inmediato. Comprende que es para ellas que llegó a este mundo y como sabe que no va a vivir para siempre, intenta no desperdiciar un minuto. Está constantemente ocupado recogiendo gemas, cada una de las cuales es de valor incalculable.

A esto se refiere el rey Salomón al decir: «Más preciosa es que las piedras preciosas» (*Proverbios* 3:15). Los Sabios explican que todas las piedras preciosas del mundo no se igualan a una palabra de la Torá. El rey Salomón estaba calificado para decir tal cosa. Era tanto un gran erudito, como se dice: «Y era el más sabio de los hombres» (*I Reyes* 5:11), y también un experto en piedras preciosas, como él mismo afirma: «Amontoné también plata y oro y tesoros preciados de reyes...» (*Eclesiastés* 2:8).

El rey David dijo algo similar: «(las leyes de El Eterno) deseables son más que el oro y más que mucho oro fino» (*Salmos* 19:11).

¿Cómo puede uno no sentirse excitado ante la perspectiva de recoger tales perlas? Ni siquiera tiene que arriesgarse a bajar al fondo del mar a buscarlas. Están a nuestra disposición todo el tiempo. Uno necesita solamente dedicarse a la labor. Está escrito: «Porque muy cerca está de ti la palabra, en tu boca y en tu corazón, para que la cumplas» (*Deuteronomio* 30:14).

Uno debe disponer de un rincón en su casa destinado al estudio, de modo que en cada momento libre pueda ir allí y encontrar al deseo de su alma esperándolo. Si lo hace, será afortunado tanto en este mundo como en el venidero.

(TORAT HABAIT, CAP. 1)

60. UN EQUIPO CARO NO DEBE DEJARSE SIN USO

Imaginad que alguien ha alquilado un molino caro y potente capaz de moler decenas de kilos de grano en muy corto tiempo. ¿Es concebible que lo deje inactivo durante un mes o incluso una semana? Si lo hiciera sería como tirar dinero. Cada día en que el molino no funciona, pierde las ganancias del día y entretanto el tiempo de alquiler sigue pasando.

Deberíamos aprender de la forma en que se administran los asuntos mundanales.

El Santo, Bendito Sea, ha asignado cierta cantidad de días a cada persona de acuerdo a la cantidad de Torá que se espera que aprenda y a las acciones que ha de realizar mientras se encuentra en este mundo.

Más aún, El Eterno le asigna a cada uno una cantidad determinada de vigor e intelecto, de modo que pueda estudiar la Torá una cantidad dada de horas diarias. Durante este tiempo, uno es capaz de pronunciar varios miles de palabras de la Torá. He hecho el experimento y he llegado a la conclusión que uno puede decir unas doscientas palabras por minuto. Cada palabra por separado es un precepto mediante el que se crea un ángel protector que pedirá por él en la corte Celestial.

Si después de todo esto, la persona decide quedarse en casa de brazos cruzados, perdiendo tiempo ¿puede haber una pérdida mayor que la que esto implica?

Este cálculo es significativo incluso si se queda un día ocioso. Pero imaginad cuánto uno perderá si continúa de esta forma por un mes o un año. ¿Cuántas decenas de miles de ángeles defensores pierde por su pereza?

(TORAT HABAIT, CAP. 2)

61. SABER, PODER Y RIQUEZAS

Desearía continuar la discusión de un versículo que hemos mencionado anteriormente: «Si como la plata la buscares y la rastreares como a tesoros, entonces entenderás el temor de El Eterno y hallarás el conocimiento de Dios» (*Proverbios* 2:4-5).

El pasaje bíblico nos dice en este versículo que si no buscamos temor al Cielo y Torá como lo haríamos si buscásemos plata y tesoros ocultos, es sólo porque no comprendemos su significado. Veamos cómo cierta gente rastrea tesoros escondidos y de ahí llegaremos a las conclusiones necesarias.

Sabemos que hay tres posesiones principales que el mundo valora: saber, poder y riqueza, en ese orden (ver Maimónides en

Shemone Perakim). Sin embargo frecuentemente sucede que los tres se convierten en medios para conseguir dinero.

Veamos cómo se aplica esto a los asuntos del mundo material:

Saber: vemos que cada tendero y comerciante emplea su inteligencia ante todo para procurar nuevos clientes mediante la adquisición de mercadería atractiva, con el fin de conseguir ganancias.

Poder: cada mes una nueva línea de máquinas, cada una más poderosa que la que la precede, sale al mercado. El avance tecnológico es resultado de meses y a veces años de pensamiento e investigación.

Riquezas: ¿qué motiva a los inventores? Casi siempre dinero.

Ahora, examinemos estos bienes y veamos cómo pueden ser utilizados en las búsquedas espirituales.

Saber: vemos que la gran mayoría de la gente en este mundo está constantemente devanándose los sesos intentando inventar una nueva manera de hacer dinero. Deberíamos invertir en conseguir temor al Cielo y comprensión de la Torá por lo menos la misma energía mental que suele invertirse en la obtención de bienes materiales.

Poder: un momento de reflexión nos revela que la mayor parte de la gente, sean artesanos, mercaderes o marinos, se agobia físicamente para obtener dinero. Lluvia y nieve no los detienen, ni los peligros del camino. Saben que sus esfuerzos les costarán salud, pero lo aceptan si ese es el precio a pagar para conseguir riqueza. Esta es precisamente la actitud que uno debería tener para lograr temor al Cielo y saber de la Torá, debería sacrificar con placer cada gramo de energía y medirse con todo contratiempo para conseguirlo.

Riquezas: en algún momento uno debe gastar dinero para conseguir dinero. Esto es cierto especialmente respecto a los mercaderes. Estos invertirán grandes sumas en gastos de viaje y en mercancías. De ese modo uno debe estar dispuesto a gastar su riqueza con generosidad para obtener temor al Cielo y saber de la Torá.

Algunas veces uno usa las tres posesiones, inteligencia, poder y recursos financieros, para obtener su meta. Puede hacerlo incluso cuando la posibilidad de ganancia es incierta. Puede invertir en una aventura financiera de alto riesgo, sabiendo desde el principio que sus esfuerzos pueden resultar en vano. Y sin embargo, mientras exista una posibilidad de ganancia, no es posible disuadirlo.

Cuánto más uno estará dispuesto a arriesgarse por el temor al Cielo y por la sabiduría de la Torá. En este caso, sin embargo, uno puede estar seguro de que si hace el esfuerzo necesario El Eterno lo ayudará a conseguir su fin. En lo que respecta a las conquistas espirituales dicen los Sabios: «Si alguien te dice bregué y no conseguí (Torá), no le creas».

El versículo de Proverbios también reprende a quienes conocen el valor de la Torá y los preceptos y se niegan a luchar por conseguirlos porque temen ser considerados imprudentes y perezosos por no demostrar mayor interés en las cosas de este mundo.

A estas personas les diré: vemos que en cuestiones de negocios a veces uno simula ser simple para desarmar a sus competidores y extraerles secretos profesionales.

Podría citar muchos ejemplos para demostrar que los comerciantes están dispuestos a todo. Por ejemplo, cuando un novicio pone su primer puesto en el mercado sabe que los vendedores veteranos se burlarán eventualmente de él. ¿Por eso deja de ir al mercado? Por supuesto que no. Sabe que de alguna forma debe ganarse la vida.

Así debemos servir a la Torá. Nuestra vida eterna está en juego ¿cómo podemos permitir que el ridículo de algunos tontos nos disuada? El *Shuljan Aruj* determina que uno no debe ser nunca intimidado por aquellos que se burlan de él por servir a Dios.

Todo esto está implícito en el versículo de Proverbios: «Si como la plata la buscares...»

(TORAT HA BAIT, CAP. 9)

III. SERVIR A EL ETERNO

62. Ganarse la existencia

Otro argumento del Mal Instinto para disuadirlo a uno de cuidar sus palabras es que es imposible cumplir con todos los aspectos de la ley contra la calumnia y que por lo tanto es mejor dejar el asunto de lado.

Pero una persona debe preguntarse a sí misma: «¿Actuaría yo así si se tratara de un asunto de negocios?» Por ejemplo:

> Imagina que un día sales apurado de tu casa, ansioso de comenzar tu día de trabajo. Tu vecino te ve corriendo y te llama: «¿Por qué corres? ¿Crees que corriendo llegarás a ser el hombre más rico del mundo?» Probablemente seguirás tu camino y le responderás: «El que nunca me haga rico no quiere decir que deje de ganarme la vida».

Si así respondes en lo que respecta a tus asuntos mundanales ¿cuál será tu actitud respecto a los asuntos espirituales? Sabemos que si realmente observamos cada aspecto de la ley contra la calumnia y charlatanería, obtendremos un nivel de santidad increíblemente alto. (El Zohar en *Parashat Jukat* dice que quien cuida su habla se merece un nivel cercano a la profecía). Sólo porque uno piense que puede ser que no tenga éxito no implica que no intente proteger su alma lo mejor posible. ¿No debería intentar evitar convertirse en un chismoso habitual, de quien los Sabios nos dicen que es una de las categorías a quien no permiten estar en Presencia de El Eterno?

Como el rey Salomón nos urge en Eclesiastés (9:10): «Todo lo que te viniere a la mano para hacer, hazlo según tus fuerzas». Aunque pienses que no eres capaz de completar un precepto en todos sus aspectos, haz lo que puedas.

En Deuteronomio (4:41) aprendemos que Moisés estableció tres ciudades de refugio en la ribera este del río Jordán. Y sin embargo, esas ciudades no comenzarán a cumplir su misión (como lugares de exilio para los convictos de asesinato) hasta que no sean designadas otras tres ciudades en el oeste. Esto sucederá sólo cuando el pueblo haya cruzado el río. Los Sabios observan que Moisés ya sabía en ese momento que no le sería permitido cruzar el Jordán, lo que implica que las ciudades no cumplirían su función durante su vida. Y sin embargo dijo: «Lo que pueda hacer, lo haré».

Podemos comprender ahora la frase de los Sabios en *Avot Derabi Natan* (cap. 27): «No te apartes de una medida ilimitada». La segunda parte de este dictamen es: «o de una labor interminable», que alude al estudio de la Torá.

(SHEMIRAT HALASHON, INTRODUCCIÓN)

63. SIN HERENCIA

Alguna gente intenta justificar su negligencia en lo que respecta al estudio de la Torá, culpando a sus padres por no haberles dado una educación espiritual que trascendiera algunos pocos elementos básicos. Quienes usan este argumento cometen un error fundamental, como lo explicaré a continuación.

Supongamos que una persona no recibe herencia alguna de su padre. ¿Decidirá en consecuencia no hacer ningún intento para ganarse la vida por cuenta propia?

De la misma manera, si bien es cierto que un padre tiene la obligación de enseñar Torá a su hijo, también es cierto que el hijo tiene la obligación de aprender cuando crezca, aunque su padre haya descuidado ese deber.

Otros se justifican alegando que carecen de capacidad para entender un texto solos. Examinemos cómo debe uno medirse con una situación de esa índole si se tratara de un asunto comercial.

Cuando se le pregunta a una persona corriente si tiene dinero que no usa para invertir, probablemente diga que no. Y sin embargo, si a esa persona se le ofreciera «la oportunidad de su vida», una inversión 100% garantizada que le rendiría cómodos ingresos durante el resto de su vida, haría cualquier esfuerzo, pediría prestado o se asociaría con alguien para poder invertir en ese negocio.

De modo que si una persona no es capaz de estudiar sola, debería buscar la ayuda de otros. En cada ciudad puede encontrar gente interesada en estudiar Mishná o Halajá –jurisprudencia– o Hagadá. Si hay grupos de estudio establecidos en su ciudad, debería unirse a uno de ellos y ganarse la vida eterna de esta manera. La primera vez que se siente con ellos puede ser que no entienda lo que se dice, pero con el tiempo El Eterno le ayudará hasta que sea capaz de estudiar por sí mismo. He visto más de una vez cómo alguien que comenzó con muy poco saber, eventualmente llegó al nivel de comprender solo una página de Talmud.

Si no hay grupos de estudio en la ciudad, hay otras formas de obtener Torá, en caso que uno la busque como se busca el dinero. En los negocios, alguien que tiene dinero para invertir pero no tiene experiencia, busca un socio con experiencia aunque no tenga capital. Él proporciona los fondos y su socio los invierte y se reparten las ganancias.

De la misma forma, si uno es incapaz de estudiar solo, debe buscar estudiosos que lo ayuden, tanto en su ciudad como en otro lado (así como los ricos suelen tener propiedades en otras ciudades). De esta manera, gana una parte de la Torá estudiada. Este fue el acuerdo entre los hermanos Isacar y Zevulún, tribus bíblicas.

Otros toman una dirección diferente. No se molestan en examinar libros de reflexión espiritual y auto examen –*musar*– destinados a incrementar el temor al Cielo, porque imaginan que lo que ya saben es suficiente, por ejemplo que El Eterno los creó y los sustenta. Tienen una actitud similar respecto al aprendizaje de la Torá, están satisfechos con lo poco que saben.

Pero si observamos su actitud respecto al dinero, vemos que en este área no están nunca satisfechos con lo que tienen. Por lo contrario, es parte de la naturaleza humana querer siempre aumentar su riqueza, como dice el versículo: «El que ama el dinero no se saciará del dinero» (*Eclesiastés* 5:9).

Uno debería ser por lo menos así de ambicioso en lo que atañe al temor al Cielo y al estudio de la Torá. Nunca debería sentirse satisfecho con su nivel actual. Debe reflexionar acerca de la majestad de El Eterno para que su temor aumente y bregar constantemente por ampliar su saber.

Más aún, uno debe entender que lo único que le impide elevarse por encima de su nivel actual es la tendencia al mal. Cada día inventa estrategias nuevas para impedirle mejorar. Si triunfa sobre su Mal Instinto, lo llenará un fresco espíritu de santidad que lo conducirá a nuevas alturas.

En Génesis (28:10-22) nos relatan la visión de la escalera que le fue mostrada a Jacob. El pie de la escalera estaba en la tierra y su extremo llegaba al cielo. Los libros místicos nos dicen que ésta es una metáfora del ser humano. Una escalera puede servir tanto para subir como para bajar.

Uno debe prepararse diariamente para la lucha por temer al Cielo y aumentar su saber de la Torá. Entonces tendrá fortuna, tanto en este mundo como en el venidero.

El versículo en Proverbios: «Si como la plata la buscares...» (2:4) puede servir como plegaria que nos ayude a no renunciar.

Si un tendero (o cualquier comerciante) tiene un mal día, no cierra su tienda para siempre por eso. La vuelve a abrir al día siguiente con la esperanza de que la Providencia le envíe más clientes. Con paciencia y perseverancia, eventualmente recibirá su recompensa.

Es igual en los asuntos espirituales: si la persona abre una obra espiritual y ética como *Portales de arrepentimiento* o *Deberes del corazón* unas pocas veces y no se siente cambiado, no debe renunciar. Es como un medicamento. Frecuentemente el médico recomienda a su paciente tomar un medicamento durante un período de tiempo, al comienzo no se ve cambio alguno pero pasado un tiempo se comienzan a sentir los efectos.

De la misma forma sucede cuando un hombre se inserta tan profundamente en los placeres del mundo que todo parece serle permitido. En ese caso deberá tomar muchas «dosis» de las obras éticas hasta que hagan algún efecto en su enfermedad.

Una vez oí un pensamiento similar enunciado por un famoso sabios que observó que si una persona habla continuamente de arrepentimiento, algún día se lo tomará en serio, pero si nunca habla de ello, puede vivir durante años sin arrepentirse.

(TORAT HABAIT)

64. REVISANDO LOS LIBROS DE CUENTAS

Un tendero suele revisar periódicamente sus notas para verificar con qué mercaderías gana y con cuáles no. Si encuentra que está incurriendo en pérdidas, debe investigar cuál es la causa y comprobar si esa situación puede ser remediada o por lo menos evitada en el futuro. En asuntos financieros uno toma muchas precauciones para cuidar la seguridad de sus bienes.

De la misma forma uno debe examinar continuamente sus acciones para verificar si no las inspira la tendencia al mal. Si descubre que ha sido desviado del buen camino, debe examinar el asunto e intentar rectificarlo mediante el arrepentimiento. Más aún, debería tomar medidas para evitar que suceda otra vez. Uno debería ser igual de cuidadoso con sus bienes espirituales, es decir con la Torá y los preceptos. Si uno no se cuida de calumniar y proferir otras formas de habla prohibidas, su Torá y preceptos se contaminan y pierden todo valor (véase *Shmirat HaLashon, Sha'ar HaZejirá*, cap. 7). Por lo tanto uno debe mantener la constante vigilancia de un centinela en servicio activo.

Me parece que ese es el significado del versículo: «¿Quién es el hombre que desea vida...? Guarda tu lengua del mal» (*Salmos* 34:13-14). El versículo no solamente dice que uno debería evitar decir maldades y engañar con boca y labios, sino que los debe «guardar».

Podemos comparar lo anterior con el dueño de un viñedo que quiere evitar que entren intrusos en su propiedad. Aunque informe a mucha gente de que él no permite la entrada de intrusos, de nada le servirá hasta que ponga un guardián en el portal.

Así sucede con el habla prohibida. Si uno no se compromete a guardar el «portal», ninguna otra cosa ayuda. Cada vez que una persona abre la boca para hablar, debe estar constantemente en guardia.

Anteriormente hemos discutido el versículo en Proverbios (2:4): «Si como la plata la buscares...» La palabra «buscar» tiene dos significados. Uno es ir tras algo, como en el versículo que describe como Saúl fue en busca de los burros perdidos de su padre. El padre de Saúl le dijo: «Levántate y ve a buscar las asnas» (*I Samuel*, 9:3). El otro significado es anhelar algo intensamente. Así escribe el rey David: «Una cosa he demandado a El Eterno, ésta buscaré, que esté yo en la Casa de El Eterno» (*Salmos* 27:4).

Cuando el versículo nos dice que debemos «buscar» el temor al Cielo y el saber de la Torá como la plata, es claro que uno debe también anhelarlo. Suponed que un hombre se hace merecedor de los favores del rey y se le permite entrar a la casa del tesoro por un día y llevarse todo lo que quiera ¿no dedicará todo el día a recoger todo lo posible sin pausa alguna? Así, si uno tiene unas pocas horas para estudiar a mediodía (además de las sesiones de estudio regulares después de las plegarias de la mañana y la noche) ¿no las aprovechará todo lo posible?

Otra idea implícita en el versículo de Proverbios es ésta: imaginad qué feliz estaría una persona si repentinamente se ganara un millón de dólares en la lotería. Uno debería estar igual de feliz cada vez que merece completar un tratado del Talmud o incluso una única mishná.

El sagrado Zohar nos informa que quienquiera que aprenda un solo tratado, adquiere un mundo entero. Lo mismo sucede con el temor al Cielo: si contemplando la majestad de El Eterno uno obtuviera un nivel más alto de amor o temor a El Eterno, sería tan dichoso como si hubiese encontrado un tesoro. Por lo contrario, si transcurren varios días sin que pueda estudiar, se llenará de dolor, como si hubiese perdido una gran suma de dinero.

Como lo discutimos anteriormente uno debería tener el mismo anhelo y deseo por el temor al Cielo y el saber de la Torá que otros tienen por dinero. Debe llorar su pérdida y alegrarse con su adquisición. Sólo entonces comprenderá qué significa el verdadero temor a El Eterno y sólo entonces tendrá la dedicación necesaria para comprender la Torá, que es lo que significa el «saber de Dios» en el versículo.

Mucho más puede ser dicho acerca de la metáfora de Proverbios, pero concluiré con una última observación. En cada tipo de trabajo hay formas de controlar la calidad de la labor realizada. También en lo que respecta al servicio a El Eterno hay un examen que puede ser empleado para verificar si nuestros cálculos están derechos o torcidos. Este examen es el versículo de Proverbios. Todo lo que uno debe hacer es preguntarse si un comerciante hubiese tomado la misma decisión. ¿Hubiera sido tan permisivo consigo mismo?

Si siente que está bregando por el temor al Cielo y el saber de la Torá con el mismo entusiasmo con el que un mercader busca provecho, feliz de él. En caso contrario, que aumente sus esfuerzos.

(Torat Habait, cap. 11)

65. El valor de un billete

El rey David escribe en Salmos (119:46): «Hablaré de Tus testimonios delante de los reyes, y no me avergonzaré». Muchas veces sucede que se burlan de una persona piadosa justamente a causa de su fe. Esto sucede porque los burlones no pueden apreciar el sentido de la Torá.

Después de cada lectura de la Torá en la sinagoga levantamos el rollo de la Torá y proclamamos: «Y esta es la Torá que Moisés dio... la palabra de El Eterno en la mano de Moisés». Y sin embargo la gente aún no tiene idea alguna de la imponente santidad de la Torá. Por esa razón su burla carece de sentido y no debe avergonzar a la víctima.

Esto puede compararse a la historia del granjero famoso por proveer comida a los soldados del rey:

Un día se corrió la voz por el pueblo de que cierto granjero había recibido una gran suma de dinero del rey en reconocimiento por su contribución al reino. Todos los campesinos le imploraron que mostrase el dinero recibido y eventualmente él se convenció.

Los campesinos esperaban ver bolsas llenas de plata y oro. En cambio él les mostró un único billete del erario del rey. Los incrédulos campesinos le preguntaron con sorna: «¿Valió la pena el enorme esfuerzo que invertiste durante tantos años por un mero pedazo de papel? ¿Dónde está la fabulosa suma que aparentemente recibiste?», le preguntaban.

El campesino no estaba perturbado. Les informó que con un cuarto del valor de ese pedazo de papel podía comprar todas las aldeas de la región.

El significado de esta parábola debería ser claro, como leemos en Salmos (3:15): «(La Torá) Más preciosa es que las piedras preciosas y todos tus bienes no pueden compararse a ella». Los Sabios elaboran: «Todas las piedras preciosas y perlas del mundo no son iguales a una palabra de la Torá». ¡Imagina entonces lo que ha adquirido quien se merece aprender todos los seis libros de la Mishná o varios tratados completos del Talmud!

El Zohar nos enseña que cuando una persona domina un tratado del Talmud es como si adquiriese un mundo entero. Más aún, cientos de miles de ángeles son creados mediante su estudio y cada palabra es un precepto separado, como escribe el Gaón de Vilna citando el Talmud de Jerusalén. Estos son sus compañeros eternos y deben provocarle gran dicha.

Por lo tanto no hay que prestarle atención a los burlones.

(JOVAT HADAT, CAP. 6)

66. Los riesgos del campo de batalla

Después de pensarlo, he llegado a la conclusión de que cuando una persona decide irse a otro país no sólo lo hace por deseo, sino también por envidia. Ve a sus amigos que regresan del extranjero con los bolsillos llenos de dinero y se pregunta: «¿Por qué no tener yo todo eso?»

A continuación os narraré una analogía que explica cuál es el problema de esta actitud:

Imaginad que un padre ve a su hijo corriendo hacia un campo de batalla sembrado de cadáveres: «¿Adónde corres?, pregunta, «¿no ves que allí hay una batalla?»

«Sí», replica el hijo, «pero muchos de mis amigos que estuvieron allí, volvieron con un enorme botín».

«Puede ser», dice el padre, «Pero ¿quién sabe si sobrevivirán la experiencia? A uno de ellos le clavaron una flecha en la mano mientras recogía el botín, y a otro en la pierna. Un hombre recibió un golpe cerca del corazón y otro lo recibió en la cabeza.»

Muchos de aquellos que han emigrado a otros países para enriquecerse, lo hacen a costa de violar la santidad del Shabat. Con frecuencia pasan por alto la plegaria de la mañana y en consecuencia no se ponen las filacterias —tefilín— ni recitan el Shemá. Después comienzan a socializar con amigos pertenecientes a otros pueblos y terminan consumiendo cualquier tipo de comida, inclusive la prohibida por la Torá.

¿Quién sabe cuánto tiempo deberán quedarse en el Infierno —Gehenom— para limpiarse de tales transgresiones? E incluso después de haber expiado sus transgresiones, cuando se les permita entrar al Mundo Venidero, estarán en un nivel muy bajo, ya que durante su vida no prepararon su Torá y sus preceptos.

Finalmente, envidiarán miles de veces más a quienes continuaron sirviendo a El Eterno y permanecieron pobres todas sus vidas, que los pobres los envidiaron a ellos. A esto alude el versículo: «No tenga tu corazón envidia de los transgresores, antes persevera en el temor de El Eterno todo el tiempo» (*Proverbios* 23:17).

Cuando uno examina a fondo los asuntos de esas personas, entenderá que la profusión de riquezas proviene de una profusión de transgresión. Si uno los envidia a ellos y a su situación, es como si envidiara sus transgresiones y como si le gustaría hacer lo mismo para poder disfrutar de las riquezas.

(SHEM OLAM, NEFUTZOT ISRAEL, CAP. 2)

67. EBRIO ESTUPOR

Cuando el Mal Instinto intenta persuadir a una persona de que se mude a un país remoto, donde los valores religiosos son pisoteados, él lo induce a pensar que esto no lo va a afectar. Si alguien quiere seguir siendo parte del pueblo de Israel, le dice su tendencia al mal, puede serlo en cualquier lugar. Y si no quiere, el Cielo lo prohíba, nada le impide hacerlo aquí.

Si consideramos este argumento veremos que contiene su propia refutación. Asume que la persona quiere seguir siendo parte del pueblo de Israel. Pero ese es precisamente el problema, una vez allí, gradualmente pierde ese deseo. Ve que otros, que eran muy escrupulosos en su observancia «allí en el viejo país», ahora se refieren con sorna a los preceptos. «¿Soy yo más santo que ellos?», se pregunta. Poco a poco comienza a imitarlos hasta que finalmente pierde todas sus restricciones.

Podemos comparar esta situación a la de un grupo de borrachos en un bar:

> Un grupo de campesinos se reúnen después de un duro día de trabajo y se van directamente al bar local. Piden una y otra vez bebidas hasta estar completamente intoxicados. Cuando más borrachos están, algunos comienzan a quitarse la ropa y a cantar y bailar desnudos. Cuando sus ebrios amigos los ven, creen que es una excelente idea y comienzan a hacer lo mismo.

Cuando una persona se encuentra todavía en nuestro país no puede concebir qué caótico puede ser todo. Esto es porque aún no está borracho. Por esta razón está convencido de que nada le sucederá si viaja al extranjero. Pero de la misma manera uno no puede imaginarse cómo se comportará después de beber unas copas de licor, ya que entonces se convierte en una persona diferente, con otra estructura mental. Tampoco puede imaginarse como se comportará en un país extranjero.

Los Sabios nos advierten en el *Tratado de Padres* que uno no debe confiar en su firmeza de espíritu hasta el día de su muerte. Citan el ejemplo del Sumo Sacerdote Iojanán, que sirvió fielmente durante ochenta años y hacia el final desertó a la facción de los saduceos.

Por esta razón uno no debería ponerse voluntariamente a prueba. El rey David ruega: «Aparta mis ojos que no vean la vanidad» (*Salmos* 119:37). David pide al Cielo que lo proteja de ver las tentaciones, de modo que no tenga que vencerlas.

Unos pocos individuos pueden efectivamente permanecer fieles a la Torá y a los preceptos en el desierto espiritual, pero ¿quién te asegura que serás uno de ellos? Si vieras a docenas de personas caer a su muerte de un viejo puente destartalado ¿te arriesgarías a ser uno de los pocos que logran llegar al otro lado en una pieza?

Sabemos que muchos de nuestros compatriotas que eran observantes aquí, cayeron en el abismo desde que se fueron.

Uno debe ocuparse de su alma y no arriesgar viajar a un lugar donde corre peligro de perderse espiritualmente, aunque ello signifique perder la oportunidad de enriquecerse.

(NEFUTZOT ISRAEL, CAP. 1)

68. EL MINISTRO QUE SE CONVIRTIÓ EN LIMPIADOR DE CLOACAS

Cuando analizamos nuestro comportamiento al servir a El Eterno, vemos que hay una contradicción entre nuestras acciones y nuestras palabras. Cada mañana vamos a la sinagoga y recitamos la sección denominada *Kedusha*. En esta plegaria expresamos nuestro deseo de santificar el nombre de El Eterno en el mundo, tal como los ángeles lo santifican en las alturas. Un momento más tarde, yendo hacia la puerta alguien nos ofende. Repentinamente olvidamos nuestros puros pensamientos, y rayos y centellas nos salen de la boca. Nos contaminamos violando una prohibición tras otra: calumnia, chismorreo, pelea, burla, a veces hasta hurto y violencia. Unas horas después, cuando regresamos al rezo de la tarde, nos comparamos nuevamente con los ángeles y declaramos: «Santificaremos Tu nombre en el mundo tal como ellos lo santifican en los Cielos más altos».

En resumen, alternamos entre emular a los ángeles de las alturas y al más bajo canalla. ¿Realmente creemos que El Eterno está satisfecho cuando Su nombre es «santificado» de está forma?

Imaginad qué sucedería si un día un ministro próximo al rey saliera a trabajar de limpiador de cloacas. En el momento en que el rey oyera acerca de lo sucedido llamaría al hombre y le diría: «Con esa acción has demostrado que no le das importancia alguna a tu relación conmigo. Por lo tanto te ordeno que te quites la enseña real de tus vestimentas. ¡Nunca más permitiré que estés en mi presencia!»

Nuestra falta de consecuencia proviene de nuestra incapacidad de contemplar la imponente santidad y magnificencia de Aquel a Quien servimos, el Dios del Cielo y la Tierra, Quien sustenta toda la existencia con una sola palabra. En consecuencia no apreciamos el privilegio de haber sido elegidos para servirlo. Y por eso podemos pasar directamente de servir al Rey a nuestros frívolos asuntos, que no benefician ni al cuerpo ni al alma. Si uno fuera realmente consciente de la majestad del Rey nunca se permitiría caer de las nobles alturas del servicio Divino a los abyectos abismos de la autoindulgencia. Como lo escribe el rey Salomón en Cantar de los Cantares (5:3): «He lavado mis pies ¿cómo los he de ensuciar?»

La causa más profunda de esta situación es que las personas están tan preocupadas con los asuntos mundanos que se olvidan para qué han sido enviados aquí en primer lugar. Cuando una persona recita la *Kedusha*, lo hace de memoria, como lo aprendió en su infancia. Lo mismo sucede con las otras plegarias. No piensa ni en las palabras que dice, ni a Quien las está diciendo.

Como dice el *Shuljan Aruj* en *Oraj Jaim* (93:1), una persona debe detenerse un momento antes de comenzar a orar, para aclarar sus pensamientos y dirigirlos a El Eterno.

(SHEM OLAM, CAP.11)

69. EL RICO QUE NO PODÍA ENCONTRAR TRABAJO

El Eclesiastés (9:9) nos aconseja: «Goza de la vida con la esposa que amas, todos los día de la vida de tu vanidad, porque ésta es tu parte en la vida».

El versículo siguiente dice: «Todo lo que te viniere a la mano para hacer, hazlo según tus fuerzas, porque en el Seol, adonde vas, no hay recuento, ni trabajo, ni ciencia ni sabiduría» (*ibid.* 9:10).

Explicaré la relación entre ambos versículos por intermedio de una parábola:

Había una vez un hombre rico que siempre había sido independiente y acaudalado. Pero un día su situación comenzó a deteriorarse. Eventualmente llegó a un punto en el que a duras penas subsistía. Se dio cuenta de que su única posibilidad era buscar trabajo.

Este hombre era sumamente inteligente y tenía capacidades tanto en oficios prácticos como en las ciencias teóricas. Estaba seguro de conseguir un puesto respetable y bien remunerado.

Su primer pensamiento fue contactar a las grandes firmas comerciales y comprobar si alguna le podía ofrecer un puesto digno de sus talentos. Calculó cuánto valían sus servicios para negociar un generoso salario. Desgraciadamente fue rechazado por una firma tras otra y su decepción fue enorme.

Finalmente tocó fondo y su billetera estaba completamente vacía. En ese momento se dio cuenta de que la situación era realmente seria. Decidió que ese no era el momento de preocuparse por su posición social, se emplearía en cualquier puesto que le ofreciesen. Eventualmente consiguió un trabajo que le proporcionaba un magro salario y se sintió agradecido por ello.

Un tiempo después se encontró con un conocido de la fase anterior de su vida, quien le preguntó qué había estado haciendo últimamente. Él le contó acerca de su nuevo trabajo y el salario que le pagaban. El conocido le reprochó: «Amigo, ese puesto está por debajo de tus conocimientos y saber, ni que hablar que te mereces un sueldo mayor que ese».

«Estoy de acuerdo contigo en un cien por cien», suspiró, «pero busqué por todos lados un puesto más adecuado y no tengo un centavo. Sé qué me espera si regreso a casa con las manos vacías. En estas circunstancias agradezco a la Providencia cualquier cosa que me permita poner comida sobre la mesa».

Hay tres cosas de valor eterno por las que un hombre debe luchar mientras se encuentra en este mundo. Las analizaré en orden descendente:

1. La mayor de las tres es la Torá. La recompensa por estudiarla es mayor que la recompensa por los otros preceptos y el castigo por descuidarla es mayor que cualquier otra transgresión.

2. La próxima en importancia es el arrepentimiento. Este también es precioso para El Eterno.

3. Finalmente uno debe buscar oportunidades para hacer buenas acciones, como nos dice el versículo: «El que sigue la justicia y la misericordia, hallará la vida, la justicia y la honra» (*Proverbios* 21:21).

Hay una información adicional que debo transmitir antes de llegar a la conclusión. Los Sabios nos dicen que cuando el versículo en Eclesiastés menciona «ciencia» y «sabiduría» se refiere a la Torá, que es la fuente de toda ciencia y sabiduría. Y cuando el versículo habla de «recuento» se refiere al arrepentimiento, que sólo puede hacerse mediante el recuento espiritual de lo que uno ha hecho (Talmud, *Bava Batra* 78b).

Ahora podemos intentar comprender el transcurso de estos dos versículos. Primero nos dicen: «Goza de la vida con la mujer que amas». Los Sabios explican que a los largo del libro de Proverbios la «esposa» es una metáfora de la Torá. La frase «que amas» alude al hecho que uno debe concentrarse especialmente en la parte de la Torá que más le interesa (Talmud, *Avoda Zara*, 19a).

Sus días son «los días de vanidad» porque no debe permitir que ninguno de ellos sea dilapidado en vanidad terrenal, sino que día a día debe su diligencia en sus estudios. Esto le llevará automáticamente al arrepentimiento y a las buenas acciones.

La quinta bendición de las Dieciocho Bendiciones –*Shemona* Esre– la parte central del rezo, es un pedido de ayuda y arrepentimiento. Comienza con el pedido de volver al estudio de la Torá: «Devuélvenos, Padre, a Tu Torá...» Sólo entonces decimos: «y acércanos, nuestro Rey a Tu servicio». Es así porque quien está alejado del estudio de la Torá está automáticamente lejos de servir a El Eterno.

Pero algunas veces uno está tan atareado con sus obligaciones que encuentra imposible tanto estudiar como dedicarse a la introspección. En este punto uno podría pensar que ya que es incapaz de participar en las dos empresas más importantes de la vida, nada le queda por hacer. Por eso en el versículo siguiente el rey Salomón lo exhorta: «Haz lo que puedas», de lo que aprendemos que aún debería hacer buenas acciones. De la misma forma que en el Mundo Venidero uno no puede agregar a lo aprendido y al arrepentimiento, tampoco podrá agregar buenas acciones. Por lo tanto uno debe hacer todo lo posible mientras está en este mundo.

(AHAVAT JESED, PARTE III, CAP. 4)

181

70. Un cubo de agua fría

Un eminente estudioso de la Torá se encontró con uno de sus antiguos discípulos después de varios años de separación. Recordaba que el joven había sido sumamente diligente en sus estudios. Desgraciadamente, durante los últimos años, los había abandonado completamente. Este hecho preocupaba profundamente al Rabí.

«Entiendo que has estado últimamente ocupado con tus obligaciones familiares», comenzó, «pero ¿no deberías dejarte tiempo para estudiar? ¿Por qué no te unes a uno de los grupos de estudio que aprenden un capítulo de Mishná cada día o una página de Talmud?».

El ex-alumno suspiró: «Solía estudiar diez horas al día. Durante ese tiempo lograba aprender diez páginas de Talmud. ¿Qué valor tiene para mí un capítulo de Mishná o una única página del Talmud? Cuando me libere de mis otras obligaciones volveré a mi rutina anterior».

«¿Y suponiendo que nunca te liberes de ellas?», le preguntó el Rabí.

Y a continuación le relató a su ex-alumno la siguiente historia:

Cierto caballero tenía dolores de pecho y decidió que le convenía consultar a un médico. Su médico lo examinó, le dijo que sufría de un corazón débil y procedió a prescribirle cierto medicamento. El doctor explicó a su paciente que si lo tomaba regularmente su condición mejoraría. Además, le advirtió el médico que no debía ir a la casa de baños por lo menos durante un año. El calor extremo del sauna podía exacerbar su condición e incluso amenazar su vida.

Aguantó varios meses hasta que eventualmente el deseo de tomar un baño caliente se sobrepuso al temor y desobedeció las órdenes de su médico. Después de haber estado dentro del baño casi una hora, comenzó a sentirse débil, como lo había previsto el doctor. De hecho estaba a punto de desmayarse.

En el mismo lugar había también un baño de agua fría. Con sus últimas fuerzas decidió sumergirse en el baño. Esperaba que el agua fría lo reviviera.

Sin embargo al llegar al baño descubrió, para su desdicha, que la puerta estaba cerrada con llave. Fue un golpe devastador. El calor de la casa de baños estaba absorbiendo sus fuerzas y había comenzado a afectar su corazón. Tenía miedo de salir del edificio porque en el estado de debilidad en que estaba sabía que no sería capaz de soportar el cortante frío invernal.

Finalmente otro bañista advirtió su estado y corrió a traer un cubo de agua fría. Cuando regresó, el enfermo vertió los contenidos del cubo sobre su cabeza y corazón para no desmayarse.

El Rabí concluyó su historia y preguntó: «¿Te imaginas alguien en esa situación rechazando el agua aduciendo que no se conformaría con nada menos que todo un baño de agua fría? Cuando el calor se hace insoportable y uno está a punto de desmayarse hasta unas pocas gotas de agua son preciosas».

«Es cierto que el mejor alivio para los fuegos del Infierno –Gehenom– sería diluirlos en una *mikve* –un baño ritual– de 'agua'. (El agua es una metáfora común de la Torá y la inmersión total en ella tiene el poder de extinguir los fuegos del Gehenom)

«Sin embargo, si uno no puede alcanzar ese grado de compromiso, el mérito de un capítulo de Mishná o una página de

Talmud puede por lo menos reducir la severidad de la sentencia. También eso es algo que debemos agradecer».

Desde ese momento en adelante, el discípulo nunca se perdió la sesión de estudio de Talmud diaria en la sinagoga, y cuando tenía un momento libre lo usaba para repasar lo aprendido en esas sesiones.

Ese es el significado del versículo: «Todo lo que te viniere a la mano para hacer, hazlo según tus fuerzas» (*Eclesiastés* 9:10).

(SHEM OLAM, CAP. 13)

71. LEER LAS INSTRUCCIONES SIN PRACTICARLAS

Cada día, al recitar el *Shemá*, decimos las palabras: «Y amarás a El Eterno, tu Dios». Pese a esto muy raramente nos sumergimos en el tipo de contemplación necesaria para alcanzar el verdadero amor a El Eterno. Claramente uno no cumple el precepto si sólo dice las palabras, como uno no cumple el precepto de colocarse las filacterias –*tefilin*– meramente diciendo «y los amarrarás». La tendencia al mal simplemente nos ha desviado del buen camino.

Esto puede compararse con el caso del individuo que quería emplearse con un rico mercader:

Cuando el hombre se presentó a pedir el puesto, el mercader lo rechazó diciendo que no precisaba a nadie en ese momento. Pero el hombre persistió hasta que finalmente el mercader aceptó emplearlo con la condición de que haría su labor cabalmente y obedecería sus instrucciones al pie de la letra. El hombre accedió y fue aceptado.

Un día el mercader se estaba preparando para partir en viaje de negocios. Escribió exactamente lo que esperaba que su nuevo empleado hiciese en su ausencia. Le

Por otro lado, cuando se trata de preceptos, de los que depende el nivel espiritual y la recompensa eterna de la persona, reduce el valor de su mercadería. Omite detalles cruciales, y su intención no es la adecuada. Por supuesto que El Eterno no lo privará de la recompensa que merece por la acción en sí, pero ésta será mucho menor.

En negocios nadie denigra su propia mercancía. Por lo contrario, generalmente intenta inflar su valor lo más que puede. La razón por esta discrepancia sólo puede ser que no creemos que obtener el Mundo Venidero es una empresa provechosa.

Feliz es aquel suficientemente perceptivo como para hacer sus preceptos en la forma más completa posible, intentando cumplir los preceptos de El Eterno y santificarse para El. Está escrito: «Para que os acordéis y hagáis todos mis preceptos y seáis santos a vuestro Dios» (*Números* 15:40). En otras palabras, uno debe cumplir los preceptos porque son los preceptos de El Eterno.

(AHAVAT JESED, PARTE II, CAP. 23)

73. EL DOLOR DE LA PARTIDA

Como ya lo hemos discutido, aunque una persona se merezca ascender al Cielo más alto, al lugar de la Divina Presencia, sólo puede traer consigo la Torá que ha estudiado y los preceptos que ha hecho con intenciones puras. El estudio de la Torá y el cumplimiento de los preceptos sin intenciones puras lo pueden salvar del Infierno –*Gehenom*– como nos dice el Zohar, pero no pueden acompañarlo al Cielo.

Para que entendáis a fondo el significado de esta frase, os contaré esta pequeña historia:

Cierta persona decidió antes de fin de año que él y su familia se irían a Tierra Santa. Con este fin vendió su casa, liquidó sus bienes y adquirió todo lo necesario para el viaje.

Cuando estaba a punto de subir al barco, el capitán le informó disculpándose de que no podía llevar consigo a todos sus niños. El capitán le explicó que el médico a bordo había notado que algunos de sus niños eran débiles y enfermizos y no serían capaces de sobrellevar los extremos de temperatura que se experimentaban en el mar. En realidad no solamente este viaje no era recomendable para ellos, su débil constitución no les permitiría hacer jamás ese viaje marítimo. «Si quiere continuar, debe dejarlos aquí».

El padre, acongojado, decidió seguir adelante con sus planes. Cuando llegó el momento de separarse de sus queridos hijos hubo mucho llanto y dolor. Todos entendían que a la avanzada edad del padre, no era plausible que regresara, de modo que ya no volverían a verse.

Así será cuando uno deba separarse de sus logros. Así como la mayor alegría de un padre es ver a sus hijos sentados en torno a la mesa, también en el Mundo Venidero la mayor alegría es regodearse en compañía de los ángeles creados por sus buenas acciones. Rashi explica que la verdadera «progenie» de los justos son sus buenas acciones (ver comentario de Rashi en *Génesis* 6:9).

Mientras uno no ha creado impedimentos espirituales, cuando el alma regresa a su fuente, sus acciones justas lo preceden. Así está escrito: «e irá tu justicia delante de ti» (*Isaías* 58:8).

Durante su vida, una persona hace miles de preceptos, cada uno de las cuales produce fuerza espiritual. Al final de su vida, cuando su alma retorna a El Eterno , todas estas fuerzas desean ascender con él. Sin embargo, las únicas capaces de ascender a los niveles más altos con él son las que fueron hechas por el precepto en sí. Como ya lo hemos mencionado, las otras pueden salvarlo del infierno, pero sólo pueden ascender hasta que comienza el Cielo.

Cuando el alma ve sus méritos subiendo delante de él, tanto él como ellos se alegran. ¡Pero llegar al Cielo y tener que separarse, qué dolor les produce a ambos! Su separación es para siempre, nunca más se verán. Los Sabios explican en el Talmud (*Shabat* 152b) que durante los primeros doce meses el alma asciende y desciende. Después, el alma asciende hasta el Trono de Gloria de El Eterno, para habitar la morada celestial.

Por lo tanto uno debe tener cuidado que su estudio y sus acciones sean realizadas de la manera más perfecta posible. Entonces será realmente afortunado. Como nos enseñan los Sabios en el Talmud (*Shabat* 31a), toda la Torá y los preceptos que uno acumula en este mundo, deben ser guardados en la caja fuerte del temor al Cielo.

(TORAT HABAIT, CAP. 8)

74. LA MORDEDURA DE LA SERPIENTE

Desgraciadamente, en algunos lugares, la gente suele pedir a no judíos que hagan sus trabajos prohibidos en Shabat, cosa prohibida por decreto de los Sabios. En realidad, aunque el gentil hiciera ese trabajo sin que el judío se lo pidiera, si el judío sabe que ese trabajo fue hecho en su provecho, tiene prohibido beneficiarse de él. Incluso si el primer beneficiario es el no judío, aún es prohibido, si la acción fue realizada ante todo en beneficio del judío.

Si el judío le pide al gentil que haga ese trabajo para él, es mucho peor. La primera transgresión es el pedido y la segunda el beneficio que deriva de ese trabajo. No tiene importancia que el pedido haya sido hecho antes de comenzar el Shabat. Si la acción fue hecha en Shabat, en beneficio de un judío, está prohibida. (*Shuljan Aruj, Oraj Jaim* 276 y 306).

Una vez escuché una idea interesante, un pensamiento del Rabí Izel Jarif sobre el tema de la violación de prohibiciones establecidas por los Sabios en general. Hay un versículo de Eclesiastés (10:8) que dice: «al que forzare el vallado, lo morderá la serpiente». Los Sabios nos dicen que esto es una advertencia a quienes violan los «vallados» de la ley establecida por los mismos Sabios (es decir mandatos rabínicos cuyo fin es prevenir la transgresión de prohibiciones estipuladas en la Torá).

Rabí Izel comienza su discusión preguntando por qué algunas personas tienden a ser más indulgentes en lo que respecta a los mandatos rabínicos. Si le preguntaras a uno de ellos, dirían: «¡Qué importancia tiene! No estoy haciendo nada que viole la ley de la Torá». Pero esta actitud es errónea. Si los Sabios consideraron necesario construir un vallado, es porque vieron con su clara visión que sin este vallado una ley de la Torá sería inevitablemente violada.

El castigo del ofensor es semejante a la mordedura de una serpiente. Esto es medida por medida.

Una serpiente suele atacar generalmente el talón de las personas. Uno pensaría que una herida tal es un asunto de poca monta. Después de todo es posible vivir sin el talón. Sin embargo, como sabemos, las mordeduras de las serpientes suelen ser mortales, porque el veneno no se queda en el talón sino que se dispersa por todo el cuerpo.

De la misma forma, si uno empieza por violar mandatos rabínicos, terminará violando la ley de la Torá. Hemos visto muchas veces que quienes comienzan ignorando prohibiciones rabínicas terminan cometiendo ofensas que se castigan con lapidación (como profanar el Shabat). Al principio sólo le piden a sus criados gentiles que calienten la pava en Shabat para preparar té. Una vez que esta violación rabínica se convierte en norma, el Mal Instinto da un paso más y los anima a pedir que el samovar sea puesto sobre la mesa para que puedan preparar té ellos mismos.

En la preparación del té violan varias leyes de la Torá. Por ejemplo cuando agregan las bolsitas de té transgreden la prohibición de cocinar.

Si otros se han vuelto indulgentes en este asunto, uno debe guardarse de aprender sus costumbres. El versículo nos advierte: «No seguirás a los muchos para hacer mal» (*Éxodo* 23:2).

(SHEM OLAM, CAP. 6)

75. BILLETES FALSOS

Un gran erudito observó una vez que una persona no puede ser recompensada en este mundo por sus buenas acciones porque es imposible brindarle aquí el premio que se merece. Un momento de dicha en el Mundo Venidero vale más que todos los placeres que ofrece este mundo.

Cuando escuché por vez primera esta explicación se me planteó una pregunta. La Torá nos dice: «y que da el pago al que Le aborrece, destruyéndolo» (*Deuteronomio* 7:10). De acuerdo a los Sabios esto significa que El Eterno recompensa a los malvados por sus pocas buenas acciones en este mundo, para destruirlos en el Mundo Venidero. Pero en vista de la explicación anterior ¿cómo es posible recompensarlos por sus buenas acciones en este mundo?

Creo que esto puede ser entendido con la ayuda de la siguiente historia:

Un falsificador convenció a alguien de que le «limpiara» billetes falsos. A cambio de cien billetes falsos el hombre le dio un único billete auténtico. El falsificador le preguntó indignado: «¿Por qué me das tan poco a cambio de todos los billetes que te he dado?»

El caballero respondió: «¿Cómo puedes comparar tus billetes con los míos? Los tuyos son falsificados, los míos son reales».

«¿Y qué?», contestó el falsificador, «ambos son pedazos de papel».

«Tonto», replico, «yo puedo llevar mis billetes al erario del rey, allí me saludarán amablemente y me los cambiarán por cualquier moneda que quiera. Si les trajera tus billetes verían de inmediato que carecen del sello real y me sentenciarían a muerte. Puedo gastar tus billetes solamente en algún lugar recóndito. Por lo tanto valen solamente una fracción del valor inscrito en ellos.»

De la misma forma, cuando una persona cumple los preceptos de El Eterno para cumplir Su voluntad, El Eterno les pone su sello. Así aprendemos en el Midrash (*Rut Raba*, cap.5) que cuando una persona hace un precepto, el profeta Elías –Eliahu– lo inscribe en el libro mayor y el Mesías y el Santo, Bendito Sea, lo firman. El Midrash cita en este contexto el versículo de Malaquías (3:16): «Entonces los que temían a El Eterno hablaron cada uno a su compañero... y fue escrito en el libro de memoria delante de Él».

De la misma forma, la Torá determina en conexión con un número de preceptos «Yo soy El Eterno», que los Sabios interpretan como: «Yo soy El Eterno, que es justo en el pago de la recompensa». Este es el equivalente del rey poniendo su sello sobre el billete.

Si una persona presenta tal «billete» en el Cielo, será recibido con honores y de inmediato le entregan su recompensa.

Cuando los Sabios estipulan que un momento de dicha en el Mundo Venidero vale todo todos los placeres de este mundo, se refieren a ese tipo de recompensa, que no tiene parangón en este mundo.

Y sin embargo uno puede asumir que unos pocos preceptos hechos por los malvados no son hechos para cumplir la voluntad de la Torá, sino por algún motivo ulterior. Por lo tanto la Torá no los firma. Son como un billete falso que no lleva el sello del rey. Si llegaran al Mundo Venidero, el mundo de la verdad, carecerían de todo valor. Por lo contrario, provocarían la ira de El Eterno.

Pese a esto, la benevolencia de El Eterno no quiere dejar a nadie, incluso a los malvados, sin recompensa por sus acciones. Pero como estas acciones no fueron realizadas con intenciones puras, la recompensa que pueden recibir tiene límites y el lugar adecuado para ese tipo de recompensa es en este mundo, el mundo de falsedad.

(SHEM OLAM CAP. 5)

IV. RECOMPENSA Y CASTIGO

76. EL APRENDIZ DEL ARTESANO

El rey David escribió: «Y Tuya es, El Eterno, la misericordia, porque tú pagas a cada uno conforme a su obra» (*Salmos* 62:13). Muchos suelen preguntarse por qué es un acto de misericordia que El Eterno le pague a cada uno de acuerdo a sus hechos. ¿No es lo que le corresponde?

La respuesta a esta pregunta puede ser entendida mediante la siguiente parábola:

Un joven comenzó a trabajar como aprendiz de un artesano. El acuerdo era que durante los primeros cinco años de aprendizaje, el artesano lo vestiría y alimentaría y le enseñaría su oficio a cambio de una suma inicial. Además, acordaron que al finalizar los cinco años, cuando hubiese adquirido pericia en su oficio, comenzaría a recibir un salario semanal.

Con el paso del tiempo la cantidad de trabajo en el taller aumentó hasta que finalmente el propietario se vio obligado a emplear a otro artesano que se hiciera cargo de parte del trabajo. Entretanto finalizó el período de cinco años y el aprendiz comenzó a recibir el salario semanal acordado.

Un día el joven descubrió que el salario de los otros trabajadores era cuatro veces mayor que el suyo. Se quejó

---

al empleador: «¿Por qué me pagas tanto menos que a los demás? Estoy tan capacitado y mi trabajo es tan bueno como el de los demás».

El propietario del taller respondió indignado: «¡No seas ingrato! Tu situación es diferente a la de los demás. No invertí en enseñarles su oficio y no tuve que alimentarles y vestirles de mi propio bolsillo. Más aún, ellos no tienen que usar mi equipo porque cada uno tiene el propio. Pero contigo es diferente, me tomé el tiempo de enseñarte todo lo que sabes. Te vestí y alimenté y tus herramientas son mías. Lo que recibes es más que suficiente compensación para ti».

Si consideramos por un momento los preceptos que hacemos, veremos que es El Eterno quien los hace posibles. Por ejemplo el precepto de colocarse las filacterias –*tefilin*. Él ha creado el brazo en el que los ponemos, Él nos dio dinero para comprarlos, Él nos da la inteligencia y la fuerza necesarias para colocarlos y amarrarlos. Todo lo que nosotros contribuimos es con nuestra voluntad (porque tenemos la posibilidad de elegir libremente si servir o no servir a El Eterno).

Y sin embargo El Eterno nos paga como si toda la acción fuera obra nuestra. Por eso es un acto de misericordia cuando Él nos recompensa de acuerdo a nuestras acciones.

(AHAVAT JESED, PARTE II, CAP. 4)

77. EL HOMBRE QUE COMIÓ SU PROPIA CARNE

La aparente prosperidad de los profanadores del Shabat parece contradecir lo aprendido anteriormente, que no hay bendición en las riquezas adquiridas mediante transgresiones. Parece contradecir asimismo la primera Mishná en *Peá*: «Estas son las cosas cuyos dividendos son disfrutados en este mundo, aunque la recompensa principal lo espera en el Mundo Venidero...» Estos profanadores del Shabat no cumplen ni uno de los preceptos mencionados en esa Mishná y sin embargo parecen estar disfrutando de todas las cosas buenas que esta vida tiene para ofrecerles.

Sin embargo, cuando uno examina cuidadosamente este asunto, vemos que de hecho pende una maldición sobre su prosperidad. Cuando su medida de transgresión esté colmada, lo perderán todo. Pero incluso si florecen en su vejez, no debemos extrañarnos.

Permitid que lo explique con una parábola:

Un importante ministro del rey se rebeló una vez contra él. Fue juzgado, sentenciado y recibió un castigo poco común. El rey decretó que el ministro sería encerrado en una fina mansión adecuada a su rango anterior. Pero no se le daría comida alguna y se lo dejaría morir de hambre. Se proclamó en todo el reino que en tal fecha el prisionero sería traído a la mansión. Se urgió al pueblo a asistir, para que fueran testigos del castigo y aprendieran del mismo.

La mansión tenía grandes ventanales todo alrededor de modo que los espectadores podían contemplar su sufrimiento a medida que el hambre aumentaba. De esa forma fueron testigos de su agonía día tras día.

En el quinto día, su sufrimiento se hizo insoportable y comenzó a roer su propia carne para aliviarse. Entretanto llegó a la ciudad un extranjero que aún no había oído acerca de la terrible sentencia del ministro. Le preguntó a los espectadores parados en torno a las ventanas qué era toda esa conmoción. Le explicaron que un alto dignatario estaba siendo castigado y su castigo era morir de hambre, y que después de cinco días su situación era realmente desesperada.

El recién llegado pidió verlo con sus propios ojos y le hicieron lugar frente a la ventana. Miró durante un momento y después se volvió y dijo: «¿A esto llamáis hambre? Yo lo veo comer ávidamente un trozo de carne».

La gente le respondió: «¡Qué jamás tengamos que probar esa carne! ¡En su tormento se está comiendo su propia carne!»

Esto es en realidad lo que sucede en el caso de los transgresores a los que nos hemos referido anteriormente. En general El Eterno sustenta únicamente con los dividendos del mérito de los preceptos realizados. Su recompensa principal queda intacta, para ser disfrutada en el Mundo Venidero.

Quienes se han desviado de los caminos de El Eterno, sin embargo, se han excluido del Mundo Venidero. Por lo tanto, si tienen algún mérito, como por ejemplo haber dicho «Amén» a bendiciones en su juventud, El Eterno les otorga cierta retribución en este mundo. Su placer en esta retribución aquí asegura que estarán totalmente perdidos en el Mundo Venidero, ya que no les quedará mérito alguno.

Este es el significado del versículo en Deuteronomio que citamos arriba: «y que da el pago al que Le aborrece, destruyéndolo». Este pago es en realidad una forma de castigo. Esa persona está en la situación del ministro que comió su propia carne.

A esto alude el versículo: «El necio cruza sus manos y come su misma carne» (*Eclesiastés* 4:5). Es similar a quienes vemos profanando abiertamente el Shabat y puede ser que prosperen durante toda su vida, pero esto sucede para impedir que sean recompensados en el Mundo Venidero.

(SHEM OLAM, CAP. 6)

78. HONORARIOS POR UN TRABAJO INTERRUMPIDO

Rabí Tarfón enseña en *Tratado de Padres* (2:19): «El día es corto, el trabajo es mucho y los trabajadores son haraganes». Un aspecto intrigante de este dictamen es la referencia a lo corto del día, que se refiere presumiblemente a la brevedad de la vida humana. ¿Por qué incluirlo en una crítica a la indolencia humana? Al fin y al cabo es el Creador Quien determina cuánto tiempo cada uno vivirá.

Una explicación un tanto forzada sería que los tres factores que menciona Rabí Tarfón son simplemente el trasfondo de un único problema: que la gente no logra vivir tal como se espera que lo haga. La explicación que daremos a continuación, sin embargo, es más acorde a las palabras de la Mishná en *Tratado de Padres*.

Nuestra explicación es la siguiente: el «día» (es decir la vida humana) es tan corto a causa de nuestras transgresiones. Los seres humanos deberían haber vivido por tanto tiempo como el mundo exista. Esto les hubiera dado tiempo suficiente para estudiar y esclarecer toda la Torá. Sin embargo, a causa de nuestras transgresiones, los de las generaciones anteriores y las posteriores, nuestras vidas han sido acortadas.

Y sin embargo la labor es aún abundante. La Torá es la misma que fue siempre, y nos ha sido otorgada completa, no fue acortada en proporción al plazo de vida que nos fue asignado. Por esta razón deberíamos ser especialmente diligentes, pero de hecho «los trabajadores son haraganes».

La Mishná continúa: «No está en vuestras manos finalizar la labor, ni sois libres de descuidarla». Uno no debería pensar que al ser culpables de la brevedad de nuestra vida, debemos completar la labor. Todo lo que se espera de nosotros es que hagamos todo lo que podamos.

Rabí Tarfón agrega: «Y podéis confiar en que vuestro Patrón os pague el salario por vuestra labor». Esto parece ser obvio.

¿Qué intenta decirnos Rabí Tarfón? Esto es similar a la pregunta que se plantea la gente respecto al versículo: «Y Tuya, El Eterno, es la misericordia, porque tú pagas a cada uno conforme a su obra» (*Salmos* 62:13), que hemos discutido anteriormente. ¿Por qué es una acto de misericordia pagarle a cada uno conforme a su obra?, preguntan. ¿No es lo que corresponde? Esta pregunta puede contestarse fácilmente en base a nuestra interpretación a la parte primera de la Mishná.

Lo explicaré con una parábola:

Un hombre empleó a un jornalero, prometiendo pagarle con generosidad una moneda de oro por día. Sin embargo, estipuló que el jornalero debería trabajar con diligencia, sin perder un minuto, una condición que el trabajador aceptó solemnemente. El patrón, confiando en que su nuevo empleado cumpliera lo prometido, dejó el trabajo en sus manos. Pero después de unos minutos de trabajo, el jornalero se fue, dejando a su ex patrón echando humo.

Al final del día apareció el jornalero y pidió su salario. «¿Por qué?», exclamó el incrédulo propietario.

«Por el trabajo que hice», explicó el jornalero, «de acuerdo al salario prometido, usted me debe tal cantidad por los minutos que trabajé».

«¡Es una impertinencia pedir que te pague!» dijo indignado el propietario, «después de que confié en ti y dejé todo en tus manos, deberías darte por contento que no te demande por haber abandonado el trabajo en la mitad».

De la misma forma, El Eterno creó la Torá antes de crear cualquier otra cosa. Comprendió en ella todas la formas de saber y solamente después creó el universo y todo lo que contiene. Su plan original era que el hombre viviría mientras durase el mundo, es decir seis mil años. Esto sería tiempo suficiente para que un hombre domine toda la Torá en todos sus detalles y desentrañe todos sus secretos más profundos.

El Eterno ordenó a Adán que no comiera del Árbol del Conocimiento, advirtiéndole que le causaría la muerte, pero Adán violó el precepto. Las generaciones subsecuentes se desviaron, la generación del Diluvio, nuevamente en la Torre de Babel y en otras ocasiones. Como resultado, la vida humana se fue acortando más y más, hasta llegar a lo que es actualmente, unos meros setenta años.

¿Cuánta Torá puede aprender una persona en tan poco tiempo? Es menos que un noventavo de los seis mil años originalmente asignados a la labor. Y sin embargo, El Eterno no niega a nadie la recompensa por sus esfuerzos. A cada persona se le paga de acuerdo a sus logros durante su efímera estadía en la Tierra. Esto es lo que significa el versículo «Y Tuya, El Eterno, es la misericordia, porque tú pagas a cada uno conforme a su obra».

Este es también el significado de la conclusión de la Mishná: «Y podéis confiar en que vuestro Patrón os pague el salario por vuestra labor». Un patrón humano se pondría furioso si le pidiéramos salario en esas condiciones, pero El Eterno nos paga por cada momento de servicio.

Finalmente la Mishná dice: «Debes saber que la recompensa de los justos es en el Mundo Venidero». Esto implica que su recompensa es muy grande, tan grande en realidad, que ningún ojo humano la ha visto jamás. No es una recompensa de cosas efímeras de este mundo. Esto es también parte de la benevolencia de El Eterno.

(SHEM OLAM, CAP. 10)

79. EL FALSIFICADOR Y SU MUJER

Había una vez un hombre muy sabio que se sumergía en el estudio de la Torá día y noche. Como resultado nunca tenía suficiente dinero y su esposa lo instaba constantemente a hacer algo para aumentar sus ingresos. Un día, en respuesta a sus quejas, le relató la siguiente parábola:

Cierto individuo y su esposa fueron acusados de imprimir billetes falsos. Por supuesto que denegaron las acusaciones, pero la corte de justicia los declaró culpables. Las evidencias fueron encontradas en su hogar, de modo que por lo menos uno de ellos era responsable.

Se decidió la sentencia: al culpable le cortarían las manos. Ya que no era claro cuál de ellos lo había hecho se les ofreció la elección, ellos mismos deberían decidir cuál pagaría la pena.

Llegó el día de la ejecución de la sentencia y la pareja fue traída al tribunal. Al principio los soldados asieron al marido y comenzaron a hacer los preparativos para cortar sus manos. La mujer comenzó a llorar amargamente ¿qué haría ella con un marido tullido? Más aún, a causa de su amor por él le parecía insoportable el sufrimiento al que su marido sería sometido. Cayó de rodillas ante los jueces, pidiendo a los jueces que reconsiderasen su veredicto, aduciendo que su marido era inocente.

Ellos replicaron que no tenían permitido ser clementes. Después de todo, la culpabilidad de la pareja era evidente, los billetes falsos habían sido encontrados en su casa y uno de ellos debía ser castigado. Al proclamar que su marido no era culpable, ella estaba proclamando su propia culpabilidad. Esa era la única manera de exonerar a su marido, culpándose a sí misma.

La mujer vio que no había otra forma de evitar el terrible castigo. Pero en el momento en que estaban por colocar sus manos en el cepo del verdugo, las retiró cambiando de idea y permitió que su marido asumiera la culpa. Por mucho que amara a su marido, amaba más su vida (y sus miembros).

El hombre que relató la parábola se dirigió a su esposa: «Querida, yo sé que no tienes malas intenciones al instarme a dedicar más tiempo a ganarme la vida. Sin embargo debes saber que cuando ambos comparezcamos ante la corte Celestial, ambos deberemos rendir cuentas por cada momento de mi vida que pudo ser usado estudiando Torá y haciendo preceptos, pero fue dedicado a otras ocupaciones. Al principio la corte me culpará a mí y seré sentenciado a pasar tiempo en el Infierno –*Gehenom* (*véase* Talmud, *Bava Batra* 79b).

»Naturalmente, cuando escuches la sentencia, te desharás en lágrimas, asegurando a la corte que soy inocente. Pero la corte responderá: «Si tu marido es inocente entonces tú eres culpable. Debes ser tú quien lo apartó de la Torá y los preceptos con tu avidez por adquirir posesiones materiales. Aparente-mente no pensaste en tu fin. ¡Ahora debes ir al *Gehenom* en su lugar!

»Cuando comprendas que no hay manera de anular la sentencia y veas a los ángeles avanzar hacia ti para arrojarte al *Gehenom*, te retractarás de tu tácita confesión diciendo: ¡No es mi culpa! Yo soy sólo una mujer y no estoy obligada a estudiar Torá. No comprendí qué enorme responsabilidad es para un hombre el estudio de la Torá. Mi marido, por otra parte, iba a la Casa de Estudio todos los días. Escuchaba acerca de sus obligaciones de boca del Rabí y otros estudiosos. Además de ser capaz de estudiar todo directamente de las fuentes. ¡Si alguien tiene la culpa es él, no yo!'».

»En resumen, mi amada (continuó el marido) cuando veas los fuegos del *Gehenom* delante tuyo, harás lo posible por evitarlos. (El Talmud, en *Sanhedrín*, *Perek Jelek*, cuenta que en el Día del Juicio, el cuerpo y el alma, que tanto se amaron durante la vida de la persona, se echarán mutuamente la culpa para escapar el castigo). Por lo tanto, te imploro, desiste de tus demandas y permíteme ir a estudiar y orar.

»Si yo no cuido mi alma ¿quién lo hará? Más aún, si fueras realmente sabia, tú misma me exigirías que no perdiese tiempo. Me ayudarías de cualquier manera posible para que pudiese continuar estudiando. Así tú también ganarías un enorme crédito por mis estudios y preceptos, y como lo dicen los Sabios: '¿Cómo se merecen las mujeres (el Mundo Venidero)? Esperando a sus maridos cuando ellos van a la casa de estudios'».

Una vez oí que cuando uno de los grandes Sabios de su generación estaba en su lecho de muerte, su mujer le pidió una parte de la recompensa por su Torá y preceptos. Él respondió: «¿Por qué me pides una parte? Lo que es mío es tuyo, porque tu me has posibilitado servir a El Eterno. Sucede lo mismo en este mundo: si un hombre es rico, también lo es su esposa. Y si, el Cielo lo prohiba, no gané ninguna recompensa, entonces tampoco tú tendrás nada, porque la esposa de un hombre pobre, también es pobre».

¿Cómo puede una mujer ganar su parte en el estudio de la Torá si constantemente distrae a su marido de su labor? Pero si lo asiste y lo alienta haciéndose cargo de los asuntos mundanales, para que él esté libre para estudiar y rezar, sin lugar a dudas ella está ganando su parte.

(SHEM OLAM, CAP. 13)

80. Cómo saber si se ha quemado la casa

El Santo, Bendito Sea, ha reservado una considerable recompensa para quienes Le temen, para que la disfruten en el Mundo Venidero. Respecto a quienes se apartan de Él, son recompensados en este mundo por los pocos preceptos que realizan.

Podemos entender la razón de lo anterior con ayuda de la siguiente parábola:

Un día, estalló un terrible incendio en cierta ciudad. Cuando el sobrino de uno de los habitantes de la ciudad escuchó acerca del fuego, corrió a casa de un amigo y le dijo: «Ven, apresurémonos a casa de mi tío rico para ayudarle a rescatar sus posesiones del fuego».

Cuando llegaron a las puertas de la casa de su tío vieron que sus más preciosas posesiones, el antiguo reloj que había pertenecido a su abuelo, la caja de joyas de su mujer, su preciada colección de monedas, etc. estaban dispersas en la entrada. El sobrino comenzó a golpearse el pecho dolorido. Cuando su compañero vio su reacción le preguntó perplejo: «¿Por qué estás tan seguro de que la tragedia sobrevino a tu tío?»

El sobrino respondió: «¿Por qué otra razón estarían las caras posesiones de mi tío tiradas así? Éstas cosas generalmente están guardadas en los nichos más recónditos de la mansión. Obviamente la casa se debe haberse incendiado y los valores fueron tirados así para rescatarlos».

Así cada persona tiene una «mansión» en el otro mundo. Por el mérito del estudio de la Torá y de la observación de los preceptos, todo tipo de delicias celestiales lo esperan allí. Así está escrito: «El justo florecerá como la palmera... Plantados en la casa de El Eterno» (*Salmos* 92:13). (En otras palabras la recompensa del justo –*tzadik*– está plantada en el Mundo Venidero).

Pero las «mansiones» de aquellos que se han deshecho del yugo del Cielo, ya han sido quemadas. Por lo tanto, los pocos preceptos que tienen a su crédito han sido tiradas en la «antesala», que es este mundo, para que las disfruten aquí.

(SHEM OLAM, CAP. 4)

81. EL MERCADER QUE REGRESÓ DESPUÉS DE MUCHOS AÑOS

Eclesiastés (4:1) dice: «Me volví y vi todas las violencias que se hacen bajo el sol y he aquí las lágrimas de los oprimidos, sin tener quien los consuele y la fuerza ya no está en la mano de sus opresores y no tienen quien los consuele.»

Intentemos comprender la segunda parte de este versículo. ¿Por qué se repite la frase «sin tener quien los consuele»? El versículo nos dice que incluso cuando los oprimidos son rescatados de manos de sus opresores, aún no tienen consuelo. Esto requiere explicación. Ya hemos discutido las dificultades de este pasaje anteriormente, pero me gustaría hacerlo nuevamente para mostrar que se pueden resolver simplemente. Mis comentarios se basan en una idea que enunció el autor de *Kol Yehuda*, quien relató la siguiente parábola como una metáfora de la vida en este mundo:

Un hombre viajó a un país remoto en busca de trabajo para mantener a su familia. Mientras estaba en el extranjero, El Eterno lo bendijo con el éxito: abrió un negocio al por mayor en el que vendía pescado y carne y se hizo muy rico.

Durante su ausencia sus hijos e hijas, que había dejado cuando eran bebés, crecieron y se acercaron a la edad de contraer matrimonio. Su esposa e hijos le rogaron que volviese a su hogar. Finalmente aceptó y anunció que regresaría antes del comienzo del nuevo año. Todos sus amigos y parientes se alegraron con la noticia.

Después de liquidar sus negocios y arreglar sus asuntos, el hombre decidió invertir su dinero en una mercancía negociable que pudiera llevar consigo. Cuando regresase a su hogar sería capaz de venderla provechosamente. Decidió que el mejor barómetro para elegir mercaderías provechosas era observar las costumbres de consumo de la población local. La mercadería que la gente estaba más dispuesta a comprar significaría claramente una inversión provechosa.

Después de mucha investigación llegó a la conclusión que la mercadería de mayor demanda era justamente aquella que había hecho su fortuna: comestibles de alta calidad, como carnes y pescados. En aquel país nada parecía tener ningún valor. Oro, plata y piedras preciosas eran abundantes y no despertaban particular atención. El mejor plan sería adquirir grandes cantidades de carne y pescado y enviarlas por barco a su ciudad natal. No solamente estaba seguro de obtener excelentes ganancias sino que también adquiriría una reputación de comerciante astuto.

Cuando más pensaba en ese plan, más confianza tenía en su éxito. Después de todo, ¿no estaba siempre su negocio repleto de compradores? Decidió invertir toda su fortuna y adquirir la máxima cantidad posible de mercaderías. Se reservó solamente una pequeña cantidad para los gastos del camino.

Antes de embarcarse en el transatlántico que debía llevarlo de regreso a su casa, mandó un telegrama a su familia anunciando el día de su llegada. Les informó de que traería consigo grandes cantidades de mercancía y les pedía que dijeran a toda la familia y a los amigos que vinieran al puerto a recibirlo. Le harían falta todas las manos posibles para ayudar a llevar la mercancía a casa.

Cuando desembarcó vio que efectivamente toda su familia y muchos amigos estaban allí. Al poco tiempo toda la mercadería estaba sobre el embarcadero y todos ayudaron a transportarla. Cuando llegaron al portón de entrada los funcionarios del puerto le ordenaron que abriera las cajas para que pudieran determinar cuántos impuestos debía pagar.

En el momento en que se abrieron los cajones un hedor terrible llenó el aire. En el transcurso del largo viaje toda la carne y los pescados se habían descompuesto y estaban llenos de gusanos.

Los funcionarios le informaron que su cargamento era un peligro sanitario y exigieron que se arrojase todo al océano. El comerciante se vio obligado a gastar sus últimas monedas en pagarle a los changadores que vaciaron los cajones en el mar.

Quedó sin un centavo, el hazmerreír de la ciudad. En lugar de la admiración que había anticipado recibió solamente burlas. Su esposa también le reprochaba: «En lugar de traernos vestimentas o plata, o cualquier cosa de valor, sólo nos has desgraciado. No nos atrevemos a mostrar la cara por la vergüenza».

Incapaz de soportar más su humillación y dolor escapó de la multitud y corrió a su casa. En el momento en que cerró la puerta de su dormitorio, cayó sobre la cama y se sumió en un sueño profundo.

A la mañana siguiente mientras el hombre seguía durmiendo agotado, su mujer revisó su ropa esperando encontrar algo de valor. En uno de sus bolsillos encontró una pequeña cajita adornada con una de esas piedras preciosas que eran tan comunes en el país del que había llegado.

Inmediatamente llevó la piedra a un joyero local para que la evaluara y él le dijo que la piedra era sumamente valiosa. Ella le vendió la piedra de inmediato y en el camino de regreso compró muebles elegantes y loza fina, después compró comestibles en abundancia hasta llenar sus alacenas vacías. Ordenó a los vendedores que entregaran las compras ese mismo día. Todo eso mientras su marido continuaba durmiendo.

Más tarde esa misma noche, cuando el hombre despertó, se asombró de ver su casa llena de esplendor. La mesa estaba cargada de manjares y el rostro de su esposa relucía. Él miraba sin entender. Poco tiempo antes la casa había estado completamente vacía y su esposa furiosa con él. Ahora todo se había transformado. ¿Cómo había sucedido? Su esposa le contó que había buscado en sus bolsillos de sus pantalones y había encontrado la piedra.

Cuando escuchó su explicación se deshizo en un llanto inconsolable. «En el país en el que estuve», explicó entre sollozos, «estas piedras pueden comprarse por nada. Podíamos ser fabulosamente ricos. ¿En qué estaría pensando cuando gasté todo mi dinero en bienes perecederos que sólo me han traído desgracias?»

Esto es lo que sucede con la vida de una persona en la Tierra. La razón principal por la que es enviado al mundo es para adquirir Torá y buenas acciones. Pero en cuando llega se olvida de su cometido y desperdicia su vida entera halagando a su cuerpo con comida y bebida, ropa, calzado y una hermosa casa. Muy pocas veces dedica algún pensamiento a su alma.

Una vez que pasa su tiempo en el mundo y asciende al Cielo, descubre que ha despilfarrado toda su fuerza engordando al cuerpo, destinado a pudrirse en la tumba. En las puertas del Mundo Venidero le dicen: «¡Llévate esta carne descompuesta de aquí!» No sólo es universalmente despreciado, sino que es condenado al Infierno –*Gehenom*– por sus transgresiones.

Ahora, hasta la persona que más lejos está del buen camino tiene algunos méritos, por las veces que dijo el *Shemá* y las veces que contestó Amén a plegarias. Por lo tanto, una vez terminado su castigo, será traído al Paraíso, donde será saludado con honor por los ángeles oficiantes. Los mirará estupefacto y dirá: «¿Cómo es que antes era un desgraciado, rodeado de ángeles iracundos y ahora me honran, estoy rodeado de ángeles oficiantes y las delicias más maravillosas?».

Los ángeles le dirán: «Buscamos entre las posesiones que has traído contigo y hemos descubierto una pequeña cantidad de mérito por las veces que respondiste «Amén» y por el poquito de Torá que estudiaste en tu estadía en la Tierra. Es a cambio de esas cosas que ahora mereces honor y deleite».

Cuando el hombre escucha esto comienza a llorar: «¡Allí en la tierra había miles de preceptos disponibles en cada instante! ¿Dónde estaba mi sentido común? ¡Podía haber adquirido miles de méritos, podía haber pronunciado miles de palabras de la Torá y respondido «Amén» cientos de veces al *Kadish* y a otras plegarias públicas. ¿Cómo pude desperdiciar tanto tiempo precioso halagando este cuerpo destinado a pudrirse?»

Este es el significado del versículo con el que comenzamos: «Me volví y vi todas las violencias que se hacen bajo el sol», es decir reflexioné acerca de la forma en que la gente se ganó el *Gehenom* con sus malas acciones. La frase «y la fuerza ya no está en la mano de sus opresores y no tienen quien los consuele» significa que aunque ya no estén sometidos a las torturas del *Gehenom* y tienen permitido entrar al Paraíso todavía no se consuelan. Esto es porque la recompensa que reciben por sus pocos preceptos les hace entender lo que pudiesen haber ganado si hubieran trabajado un poco más duro en este mundo. Hubieran sido los iguales de sus contemporáneos «ricos» (los justos, por ejemplo).

El sabio actuará con visión de futuro mientras está entre los vivientes. Sólo así conseguirá lo mejor de este mundo y del próximo.

(SHEM OLAM, CAP. 9)

82. EL FESTÍN DE LOS CAMPESINOS ANTES DE LA BODA

Mucha gente se pregunta por qué los malvados reciben tanta prosperidad en este mundo. Intentaré responder a esta pregunta relacionándola a una historia acerca de un rico aristócrata que tenía a varios campesinos a su servicio:

Un día llegó el momento en que este hombre rico decidió casar a su hijo. Mientras planificaba este asunto se le ocurrió que a menos que pensara en alguna buena estrategia, sus groseros empleados se aparecerían en la boda y estropearían el ambiente. Sería de muy mal gusto mezclar a esos campesinos nada sofisticados con sus aristocráticos amigos.

Decidió que la mejor manera de evitar esa situación era ofrecerles una parte del banquete antes del comienzo de las festividades. Al fin y al cabo eso era realmente lo que querían. Los llamó y así les dijo: «Mis leales trabajadores, he decidido otorgaros vuestra parte del banquete antes que a todos los demás invitados».

Así lo hizo y puso delante de ellos una mesa llena de carne y bebidas. Los campesinos estaban dichosos. Comieron y bebieron acompañados por los sones de la orquesta y disfrutaron de su buena fortuna. Así su patrón logró cumplir con su obligación hacia ellos y seguir con la boda de su hijo con la conciencia tranquila.

Ahora, si alguien hubiera visto a esos campesinos comiendo, bebiendo y celebrando cuando ninguno de los otros invitados, ni siquiera los compañeros más cercanos del hombre rico llegaran a la fiesta, seguramente estaría perplejo. ¿Es que el rico consideraba a esos campesinos sus invitados más honorables? Pero quien comprendiera las intenciones del anfitrión no se asombraría en lo más mínimo. Hubiera entendido que esa era simplemente una manera de sacárselos de encima.

La lección debería ser obvia. Una idea similar se expresa en el *Sifri* (*Bejukotai*) respecto al versículo: «Porque Yo Me volveré a vosotros» (*Levítico* 26:9). Los Sabios lo explican con una analogía: un rey tiene muchos trabajadores, muchos de los cuales han sido recientemente contratados. Entre ellos se encuentra uno que lleva trabajando para el rey mucho tiempo. Cuando los trabajadores llegan a recibir su salario, el rey se dirige a éste y le dice: «Hijo, me ocuparé de ti cuando haya acabado con estos jóvenes. Ellos han hecho poco trabajo para mí, por ende les pagaré un salario menor. En tu caso, sin embrago, tengo una gran cuenta para saldar contigo».

De la misma forma, tanto los justos como los malvados llegan a El Eterno a recibir sus salarios en este mundo. El Eterno les dice a los justos: «Hijos míos, me volveré a vosotros cuando haya terminado con estos malhechores. Han hecho muy poco por Mí, por lo que les debo una limitada recompensa. Pero con vosotros tengo una gran cuenta que saldar».

Este, nos dicen los Sabios, es el significado del versículo: «Porque Yo Me volveré a vosotros», es decir cuando haya terminado de pagar a los malvados, Me volveré a vosotros.

(SHEM OLAM, CAP. 12)

83. EL MINISTRO QUE FUE COLGADO

Si reflexionamos al respecto, veremos que mucha gente ha adoptado el papel de «cambistas» profesionales. Es decir que a causa de su comportamiento cambian el mundo eterno por uno efímero. Toda riqueza que adquieran de esta manera carece de valor alguno.

Una vez escuché citar a un gran sabio una analogía adecuada para ilustrar este tópico:

Sucedió una vez que un ministro cercano al rey se rebeló contra él. El tribunal real deliberó y decidió que no había lugar para compasión. El hombre debía ser colgado por traición. Pero dada su elevada posición le otorgarían una concesión. Antes de ejecutarlo reunirían a todos los músicos del reino para honrarlo con la misma alegre música que se solía ejecutar en la coronación del rey.

Así sucedió que llegado el día de la ejecución los músicos se reunieron y tocaron alegres melodías que se escuchaban en toda la ciudad. Uno de los ciudadanos comentó escuchando la música: «Feliz del hombre que es honrado con la misma música que se tocó en la coronación del rey. ¿Es que otro ha llegado a tales logros?»

Uno de sus compañeros le replicó: «¡Qué tonto eres! ¿A esto llamas éxito? ¡Esta música es el prólogo de su muerte! En el momento en que la música finalice este hombre será colgado».

Cuando una persona se desvía del camino de El Eterno, puede conseguir prosperidad mundanal, de modo que sus méritos se acaben y pueda ser destruido por los fuegos del

Infierno -*Gehenom*. De aquí que la prosperidad es en realidad un castigo, como la música que precede a la ejecución.

Esto es lo que significa el versículo: «Porque el desvío de los ignorantes los matará y la prosperidad de los necios los perderá» (*Proverbios* 1:32). Porque se han desviado del buen camino deben morir. Por ello se les proporciona prosperidad de antemano para pagarles por cualquier mínimo mérito que tengan. Más aún, su tranquilidad los adormece y continúan por el mal camino, agrandando su saco de transgresiones. De modo que su prosperidad hace en realidad que su destrucción sea más completa.

Este es el significado del versículo: «y que da el pago en persona al que le aborrece, destruyéndolo» (*Deuteronomio* 7:10). El *Targum Onkelos* lo traduce así: «Él paga a Sus enemigos por el bien que han hecho durante sus vidas para destruirlos».

(NEFUTZOT ISRAEL, CAP. 3)

84. EL CARRO QUE VA EN DIRECCIÓN EQUIVOCADA

Dos jóvenes fueron compañeros de habitación en sus días de estudio. Ambos fueron bendecidos con mentes rápidas y buena memoria. Eventualmente crecieron y sus caminos se separaron: uno se quedó en la Casa de Estudio y creció en la Torá hasta ser designado Rabino de una ciudad, el otro eligió una dirección diferente. Llegó a ser un médico famoso y ganó una gran fortuna mediante sus talentos.

Un día el Rabí fue llamado a arbitrar en una discusión entre dos ricos comerciantes en una ciudad lejana. Al mismo tiempo, su anterior compañero fue llamado a la misma ciudad para atender a un paciente. Cuando cumplieron con sus respectivas misiones y recibieron sus honorarios, ambos se prepararon para volver a sus hogares, inconscientes de la presencia del otro en el mismo lugar. Se encontraron en camino a sus coches y se reconocieron inmediatamente. Comenzaron a conversar acerca de sus situaciones respectivas.

El médico le preguntó francamente al Rabino cuánto ganaba por sus múltiples servicios y el Rabino respondió francamente. El doctor hizo un rápido cálculo y observó: «Si comparamos nuestros salarios, tú ganas tanto y tanto por semana y yo gano tantas veces más».

El Rabino respondió: «Permíteme relatarte un incidente que aconteció hace un momento, cuando terminé el arbitraje y recogí mis honorarios. Le pedí a un agente que alquilase un coche para mi regreso a casa, un viaje de unas cien millas. Como puedes ver el que me procuró no es demasiado elegante. Sin embargo el agente arregló un precio con el conductor».

»Entretanto, otro agente, un tipo deshonesto que quería engañarme, me señaló un auto mucho más elegante que había llegado. Ese auto tenía asientos mucho más cómodos y bien tapizados. Además el conductor estaba dispuesto a cobrar menos por el viaje, ya que había llegado a la ciudad a dejar a un pasajero y no quería hacer el viaje de regreso vacío.

»Inmediatamente intenté conseguir el nuevo coche. Sin embargo, después de varias inquisiciones, comprendí que viajaba en una dirección diferente. Yo tengo que ir en dirección este y él iba en dirección oeste. Menos mal que no me dejé convencer por el charlatán que me intentó tentar con la apariencia del coche. Si yo no hubiese investigado el asunto, me hubiera visto en necesidad de regresar toda la distancia recorrida y recién entonces comenzar el viaje a casa. ¿Quién sabe si hubiera tenido las fuerzas de hacer un viaje de varios cientos de millas en estas pésimas carreteras?».

«Así sucede con nosotros. Este mundo es un enorme bazar que ofrece muchos tipos de mercaderías. Una persona es enviada a adquirir Torá y preceptos, porque esa es la mejor mercadería. Una vez que ha terminado de hacer sus 'compras' su alma regresa a Dios para calentarse en la luz Divina».

«Es cierto que a duras penas me mantengo. Es como viajar en un auto destartalado y poco elegante. Y sin embargo este vehículo me llevará adonde quiero ir a salvo. Cuando llegue al otro mundo mis buenas acciones me precederán para preparar mi camino de modo que me reciban con honores, como está escrito: 'Y tu rectitud te precederá y el honor de El Eterno te recogerá'».

«Tú, por otra parte, te escapas de la Torá y los preceptos porque quieres disfrutar de los placeres que este mundo tiene para ofrecer. Es cierto que entretanto disfrutas. Es como si estuvieras viajando en un coche elegante con el mejor tapizado y a bajo precio. Pero debes saber que te está llevando en dirección equivocada. Cada día que pasa te alejas más y más de tu verdadero destino. Y finalmente, cuando devuelvas tu alma a su Creador, tendrás que rehacer el camino recorrido y serás enviado nuevamente aquí abajo, para reparar el daño que has cometido».

A esto, en mi opinión se refiere el rey Salomón, en Eclesiastés (1:3): ¿Qué provecho tiene el hombre con todo su trabajo con que se afanará bajo el sol? La palabra hebrea *tajat* (bajo) significa también «en lugar de» y el sol es una metáfora de la Torá. Rashi explica que «bajo el sol» significa en lugar de la Torá, que es la misma luz.

A primera vista no es claro por qué la frase «se afanará» está escrita en futuro y no en pasado. Creo que podemos entenderlo de esta forma: supongamos que un hombre envía a su agente al mercado para adquirir ciertas mercaderías, pero el agente regresa con mercadería. Su patrón lo volverá a enviar a cambiar la mercancía defectuosa. Tendría toda la justificación si le reprochara a su agente diciéndole: «¿Es así cómo haces tu trabajo? Ni siquiera examinas lo que compras y ahora tengo que enviarte de vuelta a hacer nuevamente el trabajo».

Así que si una persona se pasa la vida adquiriendo «mercadería defectuosa» se verá forzado a abandonar el mundo superior y regresar a este mundo a enmendar sus errores. Por eso el rey Salomón pregunta: «¿Qué provecho saca el hombre de ese tipo de trabajo cuando a causa de él deberá afanarse nuevamente en el futuro?»

Este pensamiento se continúa en el versículo siguiente: «Generación va, generación viene». En otras palabras, la misma generación deja el mundo y después debe regresar.

(NEFUTZOT ISRAEL, CAP. 6)

85. EL ARISTÓCRATA EN EL EXILIO

La Torá estipula: «Y nos ordenó El Eterno que cumplamos todos estos estatutos y que temamos a El Eterno nuestro Dios para que nos vaya bien todos los días» (*Deuteronomio* 6:24). De ese versículo aprendemos que cumplir los estatutos de El Eterno nos produce beneficio eterno en el Mundo Venidero.

Los «estatutos» (*jukim*) son las leyes que no hubiéramos podido deducir con nuestro propio intelecto. [En otras palabras, hay reglas que la humanidad no hubiera establecido por sí misma, porque su propósito está por encima de su comprensión, por ejemplo la prohibición de usar una vestimenta que contiene *shaatnez* (una mezcla de lino y lana) o las leyes alimenticias –*kosher*]. Cumpliendo esas leyes la persona demuestra que está motivada únicamente por su temor al Cielo. En realidad todas los preceptos deberían cumplirse solamente porque El Eterno lo ordenó así. Esto está implícito en el versículo: «Y hagáis todos Mis preceptos» (*Números* 15:40).

Del hecho que observando los estatutos ganamos provecho eterno podemos inferir que también lo contrario es cierto: por descuidarlos perdemos ese beneficio. Ese es el peor castigo de todos, porque a diferencia de otros castigos que tienen una duración limitada (incluso el castigo en el Infierno –*Gehenom*– es limitado, durando hasta doce meses), la «falta de recompensa» que resulta del descuidar los preceptos, dura para siempre. Najmánides determina que es conveniente sufrir todas las torturas de *Gehenom* para no perder la recompensa en el Mundo Venidero.

Una prueba de este principio puede encontrarse en el pasaje talmúdico acerca de Elisha ben Abuia, el famoso estudioso de la Torá que se convirtió en hereje. Los Sabios nos cuentan que al principio la corte Celestial resolvió no castigarlo con el *Gehenom* porque había estudiado tanta Torá. En cambio se le negaría la entrada al Mundo Venidero. Sin embargo su discípulo, Rabí Meir, rogó que fuera castigado en el *Gehenom* por sus transgresiones de modo que se le permitiera heredar el Mundo Venidero.

Anteriormente he dado una explicación parcial del significado del pasaje: «Me volví y vi todas las violencias que se hacen bajo el sol y he aquí las lágrimas de los oprimidos, sin tener quien los consuele y la fuerza ya no está en la mano de sus opresores y no tienen quien los consuele» (*Eclesiastés* 4:1).

Desearía ampliar el mensaje de este versículo mediante la siguiente parábola:

Un hombre rico fue acusado de imprimir cientos de billetes falsos. Fue arrestado y mantenido en custodia durante toda la investigación. La investigación se arrastraba meses y más meses y durante todo este tiempo el hombre estaba encerrado en una celda. Durante su detención fue sometido a tremendas torturas para conminarlo a confesar su delito.

Entretanto sus finanzas sufrieron hasta que llegó a la bancarrota y todo el capital que le quedaba lo usó para pagar los honorarios de sus abogados. De modo que también se quedó sin dinero.

Después de algunos meses, el panel de jueces revisó su caso y decidió que el hombre debía sufrir mayores torturas. Si sobrevivía este sufrimiento sería exiliado a una isla desierta por el resto de su vida.

Se anunció públicamente que en tal fecha, el prisionero sufriría más torturas y sus sentencia sería presentada oficialmente. Cuando llegó el día, grandes cantidades de personas llegaron a ver la flagelación pública. Entre la multitud se encontraba otro rico que era amigo del acusado. Cuando escuchó la proclamación que sellaba el destino de su camarada se horrorizó.

Inmediatamente se acercó a uno de los jueces y le preguntó por qué el hombre había recibido una sentencia tan dura. El juez respondió que se habían encontrado en su poder cientos de billetes falsos.

El hombre rico intentó defender a su amigo: «Me debe creer, su honor, conozco bien a este hombre. Es vecino mío y le puedo asegurar que nunca se ha visto involucrado en nada ilegal. Es evidente que esos billetes llegaron a sus manos por error. Estoy dispuesto a ser su aval. Estoy convencido de que no encontraréis ninguna evidencia de delito por su parte. Preguntad a otros miembros de la comunidad y ellos seguramente confirmarán lo que yo digo».

Y eso es lo que hizo el juez. Inquirió acerca de ese hombre en su ciudad y recibió una confirmación unánime de su integridad. De todas formas el juez sintió que no podía absolverlo completamente por los billetes encontrados en su posesión, pero decidió cambiar la sentencia. En lugar de ser enviado a una isla desierta, sería exiliado a una ciudad distante, donde recibiría lo necesario para subsistir y no se le haría más daño.

Cuando el acusado escuchó la nueva sentencia se sintió dichoso. ¡Se había salvado de morir! Se ejecutó de inmediato el decreto de exilio, pero en la ciudad a la que había sido exiliado era considerado un hombre libre. Tenía prohibido atravesar los límites de la ciudad, pero tenía el sustento asegurado.

Unos años más su salvador pasó por la ciudad. Naturalmente se detuvo para visitar a su amigo. Cuando llegó lo encontró comiendo su almuerzo con aspecto deprimido. Cuando el prisionero vio a su visitante cayó a sus pies llorando de alegría.

«¿Cómo podré pagarte alguna vez?», le preguntó, «me salvaste de una muerte segura y de torturas terribles. Que el Todopoderoso te pague.»

«Contéstame una pregunta, por favor», dijo el hombre rico. «Tomando en cuenta la sentencia que te esperaba hubiera creído que estarías constantemente dichoso de tu salvación. Pero cuando llegué te vi muy triste».

El exiliado respondió: «Es cierto que fui muy afortunado porque me salvé de la tortura y la muerte. Y sin embargo cuando pienso en el cambio que sufrió mi vida, se me encoge el corazón. Tu sabes que solía ser un hombre adinerado y estoy seguro que recuerdas mis fincas y mis diversas posesiones. Ahora lo perdí todo, no tengo dinero, ni hogar ni propiedad. Todo lo que tengo es un poco de pan que me dan para mi sustento diario. ¿Cómo no llorar cuando esto es lo que me espera por el resto de mis días?»

De la misma forma, cuando el alma de un transgresor asciende al Cielo para rendir cuentas por sus malas acciones, se ve rodeada de ángeles acusadores. Será encontrado culpable por la corte Celestial y sentenciado al *Gehenom*. Allí será castigado por cada transgresión cometida.

Mientras lo castigan llorará amargamente. Esto, como ya lo hemos visto anteriormente, es el significado del versículo de Eclesiastés: «Me volví ... y he aquí las lágrimas de los oprimidos, sin tener quien los consuele» (*véase* el comentario de Rashi). El Talmud explica que este es también el significado del versículo: «Atravesando el valle de lágrimas lo cambian en fuente» (*Salmos* 84:7), es decir que quien atraviesa el *Gehenom* llora como una fuente.

El rey Salomón también nos enseña que incluso después de que se termine el castigo en el *Gehenom* y los ángeles de la aflicción carezcan de poder sobre él, el condenado continuará llorando inconsolable. Esto es porque comprenderá que no ha logrado prepararse provisiones eternas, estudio de la Torá y buenas acciones. Estos hubieran sido su sustento en el Mundo Venidero. A eso nos referimos cuando decimos en nuestras plegarias diarias: «Alumbra nuestros ojos con Tu Torá y haz que nuestros corazones se adhieran con fuerza a Tus preceptos... (para que) nunca nos avergoncemos».

(TORAT HABAIT, CAP. 15)

86. EL LADRÓN QUE ARRANCÓ EL VERGEL DE CUAJO

El rey Salomón escribe en Eclesiastés (7:17): «No hagas mucho mal... ¿por qué habrás de morir antes de tu tiempo?» Para comprender el significado de este versículo, permitidme presentaros la siguiente parábola:

Cierto noble poseía un hermoso vergel con todo tipo de árboles frutales. El vergel era una delicia para los ojos y su dueño había construido una glorieta en medio del vergel para disfrutar de su aspecto.

Un día, mientras el noble estaba admirando su vergel desde una ventana de su glorieta, notó que un ladrón se había infiltrado en su propiedad y estaba robando fruta y poniéndola en un canasto. El noble se contuvo y decidió permanecer en silencio y no hacer nada.

Un momento más tarde escuchó al intruso deliberar consigo mismo: «¿Para que molestarme en recoger la fruta una por una?», se preguntaba, «Es más fácil romper las ramas enteras».

El noble estaba indignado por la audacia del ladrón y el daño que estaba infligiendo a sus preciosos árboles. Sin embargo eligió no revelar su presencia y ver hasta dónde llegaría el ladrón. Cuando éste vio que nadie aparecía para detenerlo se dijo: «¿Para qué perder tiempo con una rama por vez? Puedo arrancar el árbol de cuajo y llevármelo a casa. Allí podré recoger la fruta tranquilamente».

Al escucharlo, el dueño del vergel decidió que ya no se callaría más. Si se contenía por más tiempo, no quedaría nada de su orgullo y alegría.

Gritó a través de la ventana: «¡Tunante, detente donde estás! Cuando vi que habías entrado al vergel y comenzaste a recoger la fruta no dije nada. Asumí que te tentó la fruta y no pudiste contenerte. Después, cuando te vi desmembrar mis árboles, la ira me quemaba por dentro. Pero incluso eso no te alcanzó. ¡Lo que intentas ahora es arrancar los árboles de cuajo! Ahora ya no me quedaré callado. Recibirás el castigo que te mereces por tus viles acciones».

El «vergel» es nuestra Torá, en la que El Eterno ha plantado todos los tipos de hermosos árboles frutales. Estos «árboles» son una fuente de vida para quienes se adhieren a ellos, como está escrito: «Porque (la Torá) no es cosa vana para ustedes, es vuestra vida» (*Deuteronomio* 32:47).

«Zorros» arteros se han propuesto destruir este vergel. Al principio simplemente rompen los «cercos» violando la legislación protectora establecida por los Sabios para cuidar que no se transgredan las leyes esenciales. Al poco tiempo comienzan a atacar a los mismos árboles, violando prohibiciones de la misma Torá.

Pero esto no es aún suficiente para ellos. A medida que pasa el tiempo deciden arrancar de cuajo todo el vergel. Premeditadamente pisotean las más serias prohibiciones como las leyes del Shabat, practican la inmoralidad sexual y descaradamente violan aquellas prohibiciones respecto a las cuales es sabido que uno debería renunciar a su vida antes de transgredirlas.

El Eterno es el Dueño del vergel. Sus ojos lo cuidan constantemente. Nunca permitirá que sea destruido. La Torá es denominada Su «precioso recipiente». No permitirá que sus destructores escapen, Su ira los calcinará, hará que todas las maldiciones nombradas en la Torá caigan sobre sus cabezas. Serán segados en la flor de sus vidas. Se verán forzados a abandonar sus deseos y su lascivia. Así está escrito: «Pues de aquí en poco no existirá el malo...» (*Salmos* 37:10).

Este es el significado del versículo arriba citado de Eclesiastés: «No hagas mucho mal... ¿por qué habrás de morir antes de tu tiempo?» En otras palabras, no os atreváis a arrancar los árboles de cuajo so pena de morir antes de vuestro tiempo, porque el Dueño no Se quedará en silencio. El versículo de Salmos que he citado continúa: «... observarás su lugar y no estará allí».

(NIDJEI ISRAEL, INTRODUCCIÓN)

87. NO HAY CONSUELO PARA LOS CONDENADOS

En adición a lo que hemos discutido previamente, hay otra razón por la que la gente relaja su observancia cuando se muda a lugares donde la Torá y los preceptos son contemplados con sorna.

En cualquier momento, dicha persona se encontrará con gente que conoce de su país de origen y que ha abandonado su observancia religiosa. Esto le permitirá racionalizar: «No estoy solo en este asunto. Lo que les suceda a ellos me sucederá a mí».

Para ayudaros a entender por qué este razonamiento es erróneo he aquí una analogía:

Una vez un hombre fue acusado de un crimen y fue enviado a prisión. Su vida en la prisión era terrible. En el aniversario de su encarcelamiento se permitió a su familia visitarlo. Le contaron que hacía poco un hombre de una provincia vecina había corrido una suerte similar. La sentencia del otro hombre había sido igualmente dura.

El prisionero respondió: «¿Creeis que eso es un consuelo para mí? Por lo contrario, me deprime más. Si me hubierais contado que el hombre fue puesto en libertad, sentiría alguna esperanza. O si me dijerais que pondrán a alguien en mi celda, entonces por lo menos tendría con quien compartir mi miseria. Pero si va a ser aprisionado en otra provincia ¿de qué me sirve saber que otro hombre sufre el mismo castigo en otra parte?».

¿De que le sirve al transgresor saber que otros también transgreden y que también ellos serán castigados?

El Infierno –*Gehenom*– es un lugar muy grande. El mundo entero no es ni un milésimo de su volumen (*véase* Talmud, *Pesajim* 94a). Hay lugar allí para cientos de miles de personas. Cada individuo está separado, alejado de su vecino y nunca lo ve ni lo oye.

Más aún, las llamas del *Gehenom* no son como las llamas terrenales, que irradian luz. Son más bien llamas de oscuridad que consumen sin iluminar. De esta forma los condenados no pueden ver ni oír a los otros dolientes, cada uno clama en soledad.

En resumen uno no debe dejarse influir por el vil comportamiento de los demás, aunque sean multitudes. La Torá nos advierte: «No seguirás a los muchos para hacer mal» (*Éxodo* 23:2). La única forma de prevenir con efectividad malas influencias es evitándolas totalmente. Uno debe reducir su asociación con tal gente al mínimo, no entrar en conversación con ella porque eventualmente comenzaría a imitar su forma de vida.

El rey David nos dice: «Bienaventurado el hombre que no anduvo en consejo de malos, ni se detuvo en camino de transgresores, ni en compañía de escarnecedores se ha sentado» (*Salmos* 1:1). Los Sabios nos dicen desde aquí que si uno «va» se quedará «detenido», y si se detiene «se sentará».

(NIDJEI ISRAEL, CAP. 1)

88. LA MERCADERÍA MÁS PRECIOSA

Es cierto que en estos tiempos los adherentes inquebrantables a la Torá son pocos. Pero uno no debe desesperar. ¿Quién puede decir qué valor tienen esos pocos en el Cielo? A veces un solo individuo pesa más que cien o mil. Por ejemplo, los Sabios nos dicen que Avishai ben Tzeruia pesaba lo que varios miles.

El cálculo depende del esfuerzo y las pruebas a las que ha sido sometido. Cuanto mayor el esfuerzo y las dificultades con las que ha debido medirse, mayor es su valor ante el Cielo.

Lo explicaré con una analogía:

Un campesino salió a pasear con un habitante de la ciudad. Por el camino, el ciudadano le mostró las riquezas de la ciudad y las tiendas repletas de todo tipo de mercaderías.

Primero lo llevó al mercado de harina. Las tiendas estaban llenas de sacos de harina desde el suelo hasta el techo. Después fueron a una fábrica donde vendían tejidos de algodón, allí vieron rollos y más rollos de tela que cubrían todo el área de exposición. En las tiendas de seda, por lo contrario, la mercancía sólo ocupaba dos de las paredes. Y en las tiendas de platería habían sólo unas pocas vitrinas cubriendo una pared.

Finalmente el ciudadano llevó a su invitado a visitar las tiendas donde se vende oro y piedras preciosas. Aquí la mercadería ni cubría una pared. Había solamente una vitrina en la que se desplegaban unas pocas joyas de valor incalculable y el resto de la habitación estaba vacío.

Hacia el final de su visita, el campesino se encontró con unos amigos de su pueblo y les contó lo que había visto. Se entusiasmó con los almacenes repletos de mercadería, despreciando las tiendas semivacías, especialmente la última, que apenas tenía mercadería suficiente para llenar una vitrina.

Su amigo, el de la ciudad, lo interrumpió: «¡Ignorante! Las joyas de esa tienda tienen más valor que toda la mercancía de las otras tienda juntas».

Quienes se aferran a la Torá son pocos, pero cada uno es una gema preciosa para El Eterno, una gema que vale lo que muchos cientos de otros. Sus méritos ante el Cielo son también grandes. Los Sabios aluden a esto en una explicación acerca del versículo: «Y os tomaré uno de cada ciudad y dos de cada familia» (*Jeremías* 3:14): «Un hombre justo salvará toda su ciudad con su mérito». Porque era el único individuo que continuaba aferrándose a El Eterno y a Su Torá, sus méritos eran suficientes para salvar la ciudad entera.

(NIDJEI ISRAEL, CAP. 3)

89. EL POBRE QUE GANÓ LA LOTERÍA

El profeta Malaquías nos dice que en el porvenir El Eterno hará dos tipos de distinciones: entre los justos y los malvados, y entre los que sirven a El Eterno y aquellos que no Lo sirven. El Talmud observa (*Jaguigá*, 9b) que ambos se refieren a justos. La distinción es entre un justo que sólo repasó sus estudios cien veces y uno que los repasó ciento una vez.

Este pasaje nos revela la diferencia entre las escalas de El Eterno y las escalas humanas. Un juez humano es capaz solamente de determinar en forma general si aquellos que comparecen ante él aparentan ser justos. Una vez hecho esto, no puede trascender de este punto y determinar exactamente cuánto mérito se merece cada uno. Por lo tanto no tiene más remedio que retribuir a todos en forma similar.

El Eterno, por Su parte, recompensa a cada uno de acuerdo a sus hechos, hasta el punto que si una persona repasara cien veces y otra una sola vez más, la diferencia entre ellos sería obvia para todos en el Mundo Venidero.

Este principio se refleja en un pasaje que aparece en *Tana Devei Eliahu*, en el que se dice que el rostro de cada persona irradiará en forma proporcional a sus conocimientos de la Torá, como dice el versículo: «Entonces os volveréis y discerniréis la diferencia entre el justo y el malo...» (*Malaquías* 3:18). La diferencia es entre las diversas graduaciones de los servidores de El Eterno. Todos merecerán sentarse ante Él y disfrutar del esplendor de Su Presencia, pero el beneficio que derivarán de esa experiencia variará. Quienes se adhieren a Él con mayor tenacidad durante su tiempo en la Tierra se encontrarán en las primeras filas, y su deleite será mayor, mientras que aquellos que se han esforzado menos estarán más alejados. La posición de cada uno dependerá de cómo haya cumplido los preceptos en este mundo.

En el último capítulo de Proverbios, el capítulo que describe a la «mujer de valor», versículo 23 dice: «Su marido (o «dueño») es conocido en las puertas, cuando se sienta con los ancianos de la tierra». Como lo hemos discutido anteriormente, los Sabios explican que la «mujer de valor» en ese capítulo es una metáfora acerca de la misma Torá. Si un hombre aprendiera toda la Torá durante su tiempo sobre la tierra, su estatura sería de conocimiento público en el Mundo Venidero al sentarse en las puertas del Paraíso junto con los otros estudiosos. Cada uno se sentará en la fila apropiada.

Si todos los pobres, gimiendo bajo sus fardos, pudieran contemplar la recompensa que los aguarda en el Mundo Venidero, dejarían de preocuparse por su pobreza. Por lo contrario se deleitarían en la oportunidad de servir a su Dueño con amor.

Imaginad la siguiente situación:

Un día un pobre mendigo descubre que ha ganado una fortuna en la lotería nacional de un país vecino. El mismo día recibe una visita de un conocido. El visitante se asombra al encontrarlo festejando. «¿Qué razón puede tener un pobre como tú para festejar cuando tus hijos andan descalzos y harapientos y tu alacena está vacía?» pregunta.

Su anfitrión le muestra el billete de lotería y le cuenta: «En el periódico de hoy anunciaron que el dueño de este billete ha ganado un millón de dólares. Ahora valgo más que el hombre más rico del pueblo. No quiero contar la noticia de mi buena fortuna todavía, para que nada arruine mi suerte. Pero ya me estoy preparando para viajar a recoger mi premio. Por esta razón ya no me preocupa mi pobreza. Sé que en muy poco tiempo será aliviada y mucho. Y entonces ya estaré acomodado para siempre».

Lo mismo se aplica a quienes sirven a Dios. Un dictamen muy conocido de los Sabios nos enseña que un único momento de satisfacción en el Mundo Venidero, vale más que toda la vida en este mundo. ¿Por qué no festejará el pobre si es un verdadero servidor de El Eterno? Con cada precepto adquiere riquezas inconmensurables en el Mundo Venidero. Esto es particularmente cierto respecto a los preceptos que la persona practica en condiciones de extrema privación.

En *Avot Derabi Natan* nos enseñan que un precepto hecho con dolor no vale lo que uno realizado sin dificultades. Esto es porque «Según el dolor es la recompensa» (*Tratado de Padres* 5:24).

Toda la efímera existencia en este mundo es como una sombra pasajera. Después se recibe satisfacción eterna en pago por buenas acciones. En el Mundo Venidero, no se diferencia entre aquellos que fueron ricos y aquellos que fueron pobres. Quienquiera que traiga la lista de sus méritos es recompensado de acuerdo a sus acciones. Así nos dicen los Sabios, que en el futuro surgirá de la montaña una voz Celestial y dirá: «Quien trabajó para Dios, que se presente a recibir su recompensa».

Afortunados son aquellos en nuestro pueblo que sirven a El Eterno con dedicación y toleran insultos y abuso de los gentiles y también de judíos descarriados. Una recompensa inconmensurable los espera tanto en los Días del Mesías como en el Mundo Venidero.

El Talmud (*Sanhedrín* 96a) relata que el malvado rey Nabucodonosor (que destruyó el Primer Templo) se mereció una gran recompensa meramente porque dio tres pasos en honor al Santo, Bendito Sea. Se le otorgó el trono del Imperio Babilonio, con toda la gloria que acompañaba ese cargo y se mereció transmitirlo como herencia a su hijo y nieto. El incidente fue así:

El justo rey Jizkiahu de Judá se enfermó y fue milagrosamente curado. El Eterno hizo un milagro en su beneficio, para que el mundo entero se enterara: acortó el día en diez horas. Cuando esto llegó a los oídos de Barodaj Baladan, entonces rey de Babilonia, declaró: «Si existe tal hombre ¿por qué no enviarle mis saludos?»

Su escriba compuso una carta, que decía: «Paz al rey Jizkiahu, paz a la ciudad de Jerusalén y paz al gran Dios de Jerusalén».

En esos tiempos, Nabucodonosor era uno de los escribas del rey, pero estaba ausente cuando la carta fue escrita. Cuando llegó y examinó el trabajo realizado, declaró: «Mirad lo que habéis escrito, os referís a Él como al 'gran Dios' pero lo colocáis en el último lugar de la lista. Deberíais haber escrito así: 'Paz al gran Dios y paz al rey Jizkiahu de Jerusalén'».

El rey le dijo «Quién lee el decreto debe ponerlo en práctica» (es decir que ya que Nabucodonosor notó el error debe rectificarlo). Inmediatamente Nabucodonosor corrió tres pasos para corregir la misiva. Por estos tres pasos que corrió en honor a El Eterno fue recompensado con todo el esplendor de la monarquía. Esto ilustra el principio según el cual el Santo,

Bendito Sea, nunca le niega a ninguna criatura su justa recompensa.

Imaginad entonces cuán grande deberá ser la recompensa de nuestros antepasados que continuamente «corren a hacer la voluntad del Santo, Bendito Sea», como dice el Talmud.

En forma parecida, todo el pueblo de Israel, que ha sufrido opresión en honor a El Eterno, disfrutará de gloria incalculable. Ni siquiera el período mesiánico será suficiente para recompensarlos. Su principal retribución quedará oculta hasta que entren al Mundo Venidero. Así nos cuentan los Sabios: «Todos los profetas que vieron la gloria futura de Israel, fue sólo en este mundo durante el período mesiánico. Respecto al Mundo Venidero, nadie lo ha visto más que El Eterno».

Así hará El Eterno por aquellos que Le sirven.

(NIDJEI ISRAEL, CAP. 45)

90. EL FUTURO YERNO DEL RICO

Uno debería apresurarse a cumplir los preceptos con entusiasmo cada vez que pueda. Por ejemplo, uno debería hacer un esfuerzo especial para ir a la sinagoga o a la Casa de Estudio y cumplir todas los preceptos que uno puede hacer allí, como lo mencionamos anteriormente. Entonces, si algo sucede y uno es incapaz de ir, El Eterno en Su gran misericordia, computará también esas veces ya que uno habrá demostrado que hubiera ido de ser posible. Como los Sabios lo estipulan: «Si uno planifica cumplir un precepto y circunstancias que no puede controlar se lo impiden, ese precepto se acredita como realizado».

Pero si uno sirve a Dios en forma superficial, que lo prohiba el Cielo, y no siempre hace lo que puede, es como si también se privara del crédito de otras veces.

Si una persona es diligente en su lucha por estudiar Torá y cumplir los preceptos con todas sus energías, finalmente El Eterno le permitirá cumplirlos con prosperidad. Así nos enseñan en el *Tratado de Padres*: «Si uno cumple con la Torá en la pobreza, finalmente la cumplirá en la prosperidad».

Este es un lugar apropiado para mencionar mi explicación al versículo: «Gloria en Su Santo nombre, alégrese el corazón de los que buscan a El Eterno» (*Salmos* 105:3). ¿Por qué el versículo no dice «servidores de El Eterno» o «quienes aman a El Eterno» o incluso «quienes temen a El Eterno»? ¿Qué sentido se esconde tras la frase «buscan a El Eterno»?

Podemos responder a esta pregunta mediante la siguiente parábola:

Rubén era un hombre de alta posición en la comunidad. Un día se propuso una alianza matrimonial entre una de sus hijas y el hijo de otro hombre rico llamado Shimón. La propuesta gustó a Rubén y ambos padres se reunieron para concretar los detalles. Acordaron que al principio del mes de Nisan, cada uno de ellos depositaría cincuenta mil dólares en manos de un tercero con el fin de ir formando una dote para la pareja. Después llevarían a cabo el compromiso.

Cuando la fecha llegó, Rubén despachó un mensajero a Shimón para recordarle el acuerdo. Shimón envió un mensaje de respuesta que decía que había hecho todo esfuerzo posible por conseguir el dinero, pero que de momento estaba corto de medios. Pedía que se postergase hasta el principio de Tamuz, tres meses más tarde. Rubén aceptó la propuesta.

Cuando llegó el primero de Tamuz, Rubén nuevamente envió al mensajero. Shimón dijo otra vez que tenía problemas de dinero. Pidió otra prórroga hasta el mes de Jeshván, cuatro meses después. Agregó incluso que entonces podría pagar sólo la mitad de la suma. Rubén, que era una persona muy buena, aceptó nuevamente.

Cuando llegó el primero de Jeshván, Rubén envió su mensajero por tercera vez. Sin embargo, esta vez quería saber si debía anular el compromiso. Shimón le dijo: «He hecho todo lo posible por encontrar los recursos, pero no he conseguido nada. Si quisieras continuar con el compromiso de todas formas, yo estaría muy contento.» Desgraciadamente para Shimón, Rubén se negó a seguir adelante si Shimón no podía contribuir con su parte. Poco tiempo después Rubén hizo un acuerdo de compromiso con Levi.

La pareja contrajo matrimonio y un año después fueron bendecidos con un hijo. Rubén dijo a su secretario personal que enviase invitaciones para la circuncisión a todos sus familiares y a los familiares de Levi. El secretario preguntó inocentemente: «¿Debo invitar también a su ex pariente a la ceremonia?»

«¿Y quién es mi ex-pariente?» preguntó Rubén intrigado.

El secretario se explicó: «Me refiero a Shimón, ese que antes quería casar a su hijo con su hija».

«Si invitara a todos aquellos que quisieron emparentarse conmigo, la lista sería infinita. Todos quieren emparentarse con un hombre rico».

«Es cierto», admitió el secretario, «pero en el caso de Shimón era diferente. Lo único que causó la anulación del compromiso fue que no podía depositar el dinero a tiempo».

«Sólo porque alguien alguna vez quiso emparentarse conmigo no lo convierte en mi pariente político y estoy seguro de que nada me une a él, ni hay razón alguna para que lo invite a mis eventos familiares. Estoy sólo obligado a invitar a mis verdaderos parientes políticos».

Esta sería una reacción normal, corriente para cualquier persona, por más bondadosa que fuese. Sin embargo este no es el camino de El Eterno. Incluso si alguien simplemente «desease» hacer una alianza con El Eterno cumpliendo con uno de Sus preceptos (El Midrash nos enseña que la Torá es llamada «hija» de El Eterno), pero no pudiera hacerlo por circunstancias que no puede controlar, El Eterno también le dará una causa para celebrar. El único prerrequisito es que debe verdaderamente desear esa unión con Dios haciendo su voluntad.

Este es el significado del versículo anterior: «Gloria en Su Santo nombre, alégrese el corazón de los que buscan a El Eterno». Una persona siempre debe glorificar el hecho de tener un Patrón tan bondadoso, que provoca dicha incluso en quienes sólo buscan una relación con Él. E incluso si no fuera capaz de hacer las acciones necesarias para ser denominado «quien ama a El Eterno» o «quien sirve a El Eterno» y se ve forzado a conformarse con ser llamado «quien busca a El Eterno», El Eterno aún le dará razones para alegrarse.

(MAJANÉ ISRAEL, CAP. 3)

91. EL MERCADER DE GEMAS Y LAS JOYAS FALSAS

Reprender a alguien por mal comportamiento es un precepto de la Torá, como está escrito: «reprenderéis a vuestro prójimo y no cargaréis con una transgresión por su causa» (*Levítico* 19:17). Los Sabios agregan que quien es capaz de reprender a los miembros de su familia y no lo hace, será responsable de sus transgresiones.

«Qué grande es, entonces, la responsabilidad de un esposo que debe reprender a su esposa por la falta de inmodestia» Debe explicarle qué asunto serio es mostrarse en público con sus cabellos descubiertos o los brazos expuestos. Su comportamiento tendrá también una mala influencia sobre sus hijos, como lo explicamos en otro lugar.

Incluso si una mujer dejara sus cabellos descubiertos estando en su casa, su inmodestia mancha todas las bendiciones y palabras de la Torá que su marido dice en su presencia durante toda su vida. Un hombre está generalmente tan acostumbrado a rezar, bendecir y estudiar en su propia casa, que le resultaría difícil no hacerlo cuando el cabello de su esposa está expuesto.

Sin embargo, si la esposa continúa actuando en forma poco modesta, el marido no debe suponer que reprenderla unas cuantas veces lo exonera de responsabilidad.

¿Cómo reaccionaría si el comportamiento de la mujer interfiriera con sus negocios? Sin lugar a duda protestaría: «¿No es bastante que no me ayudas, también tienes que estorbar? ¿Quieres que nos muramos de hambre a causa de tu estupidez?» Usaría toda treta posible para hacerle entender que estaba dañando su sustento, a veces hablándole suavemente y a veces más duramente, hasta que ella comprendiera su locura y corrigiese su conducta.

Uno debe ser por lo menos tan estricto en lo que respecta al comportamiento inmodesto de su esposa. Debe explicarle el gran daño resultante y lo amargo que será su fin por los miles de plegarias y bendiciones que resultaron dañadas porque fueron proferidas en su presencia estando ella vestida inmodestamente. Debe reprenderla repetidamente hasta que ella acceda a cubrir su cabello adecuadamente y a vestirse modestamente.

Permitidme ilustrar esta situación con una parábola:

Había una vez un próspero mercader de gemas que vivía en la capital con su esposa, que lo ayudaba en el negocio. El marido viajaba regularmente al extranjero a comprar mercadería, que enviaba por barco a su tienda.

Un día, mientras su esposo estaba fuera de la ciudad, varios ministros del rey entraron a la tienda y le dijeron a la esposa: «Hemos oído que su marido es un mercader importante y un experto en piedras preciosas. Se acerca el momento de la coronación del nuevo rey y necesitamos gemas para la corona. ¿Tenéis algunas indicadas para ese cometido?»

La esposa respondió: «No tenemos en el surtido ninguna que sea digna de la corona del rey, pero le escribiré a mi marido y le pediré que procure algunas en beneficio de Su Majestad».

«Por supuesto que seréis generosamente recompensados», prometieron los ministros. «Pero debéis aseguraros que las gemas sean genuinas», le advirtieron, «porque en la fiesta de coronación estarán presentes muchos reyes y altos dignatarios que son grandes expertos en gemas. Si alguna de ellas es falsa, será una gran desgracia para nuestro rey. Será el fin de quien esté implicado en obtenerla, incluso el suyo».

La mujer replicó: «Mi marido y yo nunca comerciamos con mercadería falsa, especialmente cuando se trata de algo tan importante como la corona del rey».

Después que ellos se fueron, la mujer le escribió a su marido pidiéndole que buscase gemas dignas de la corona. Le relató todo lo que le habían dicho los ministros y le advirtió que revisara la autenticidad de las gemas.

El respondió rápidamente que había encontrado algunas piedras adecuadas y que las iba a enviar de inmediato. Pero, agregó, entendiendo la seriedad del asunto que había buscado la opinión profesional de un evaluador que le aseguró que las gemas eran auténticas. Pese a esto le pedía que las hiciera examinar nuevamente por un especialista local después de que llegaran, para estar completamente seguros. Sólo después podía entregarlas a los ministros.

Poco tiempo después, la esposa recibió las gemas junto con la carta. Cuando leyó que su marido estaba convencido que las gemas eran auténticas, se emocionó mucho. Sus fantasías la dominaron e imaginó las riquezas y los honores que muy pronto recibirían de manos del rey. Ya se veía pavoneándose delante de sus amigas. Dejándose arrastrar por sus fantasías ignoró el pedido de su marido, de que hiciera examinar otra vez las gemas. Estaba tan impaciente por recibir la recompensa prometida que informó inmediatamente a los servidores del rey que las gemas habían llegado. Ellos acudieron de inmediato y le pagaron toda la suma en el momento.

Finalmente llegó el día de la coronación del rey. Numerosos reyes visitaban la ciudad para la ocasión. Al exponer la nueva corona el rey se jactó que las gemas habían sido importadas de un país distante. Sin embargo, en el momento de ver las gemas, los nobles visitantes advirtieron que eran imitaciones. El rey quedó sumamente mortificado.

La esposa del mercader fue llamada de inmediato. Cuando llegó uno de los ministros comenzó a gritarle: «Te mereces la muerte. Te advertimos que debías asegurarte que las gemas eran genuinas. Te dijimos que eran para la corona del rey y que sería una desgracia enorme para el rey si se descubriera que son falsas»

La mujer protestó: «'No es mi culpa' Le advertí a mi marido que se asegurase de que las piedras eran genuinas. 'No me acuséis a mí'»

Llamaron entonces al mercader, que entretanto había vuelto del extranjero y le preguntaron: «¿Tú has sido quien envió esas piedras falsas que han puesto al rey en evidencia?»

El hombre admitió que él las había enviado, pero rápidamente agregó: «Mi intención no era causar embarazo al rey. A mí me engañaron los traficantes. Además envié a mi esposa instrucciones explícitas diciendo que las examinaran expertos locales antes de entregarlas.»

Los servidores del rey lo castigaron: «Hubieras debido hacerte cargo en persona de un asunto de tanta importancia en lugar de confiar en tu frívola mujer. Ahora, en lugar de los honores que podían ser tuyos tendrás una doble dosis de desgracia.»

El marido y la mujer fueron llevados a un oscuro calabozo, donde les infligieron horribles torturas. La mujer lloraba: «Tú tienes la culpa de mis sufrimientos. Sabías que las joyas eran para la corona del rey y deberías haber sido doblemente cuidadoso. Si hubieras sido más responsable ahora compartiríamos una gran fortuna. Mira dónde nos ha traído tu descuido. Tú me has causado estos terribles sufrimientos. '¡Ay de mí!' ¿Qué será de mí al final?»

En este momento habló el marido: «Por lo contrario, tú nos has provocado esta desgracia. ¿No te advertí que comprar gemas para la corona del rey es una enorme responsabilidad y que deberías haberlas hecho examinar antes de entregarlas? Deberías haber obedecido mis instrucciones, pero estabas demasiado ocupada imaginando las riquezas que conseguirías y la ropa que te comprarías. Tu codicia te cegó y causó tu caída y la mía. ¡Ay de nosotros! ¿Qué será de nosotros al final?»

Así funciona el mundo. La Torá y las buenas acciones que acumula un hombre en este mundo provocan grandes cosas en los reinos superiores y se hacen coronas de ellas para el Rey del universo.

Cuando un hombre llega al Mundo Venidero, El Eterno le paga con esas mismas coronas, por la gloria que Le ha dado mediante sus preceptos. Así está escrito: «Yo honraré a los que me honran» (*I Samuel* 2:30). A esto se refieren los Sabios cuando dicen que en el Mundo Venidero «los justos estarán sentados con sus coronas sobre sus cabezas disfrutando del resplandor de la Presencia Divina –*Shejiná*». No dice «con coronas» sino «con sus coronas», es decir, las que han creado con sus buenas acciones.

Y sin embargo esto sucede sólo cuando el precepto ha sido bien hecho, en espíritu de santidad y en un lugar adecuado para la santidad, no en un lugar de inmodestia. Así está escrito: «Por tanto tu campamento ha de ser santo, para que Él no vea en ti cosa inmunda y se vuelva de ti» (*Deuteronomio* 23:15). Si uno recita las palabras de la Torá o una bendición en presencia de los cabellos, los brazos o el pecho expuestos de una mujer, en contra de la admonición de los Sabios, en esas palabras no habrá santidad alguna. En lugar de producir luz, producirán oscuridad. Si sólo parte de una bendición fuera recitada en una presencia inmodesta, dañaría la parte de la corona correspondiente a esas palabras.

El Santo, Bendito Sea, se enorgullece de las coronas que recibe de la Torá y los preceptos del pueblo de Israel. Así dice el versículo: «Tú eres Mi servidor, Israel, en el que Me glorifico». Si las coronas están dañadas de alguna manera, es una desecración de Su santo nombre. Cuando las almas del hombre y la mujer responsables comparecen ante la corte Celestial, oirán un terrible sonido: el clamor de los ángeles significando que han sido condenados a los fuegos del Infierno –*Gehenom*. Porque no sólo no han logrado expresar su gratitud a El Eterno por concederles vida, sustento y salud, han desecrado Su corona, opacado Su luz y manchado Su gloria al permitir que el cabello, los brazos o el pecho de una mujer estén expuestos mientras el marido recitaba las bendiciones o estudiaba Torá.

La mujer protestará: «'No es mi culpa, fue culpa de mi marido que las coronas se estropeasen. Él fue quién recitó las bendiciones en mi presencia'»

(Esta escena es más realista de lo que pensáis, porque cuando un alma se enfrenta con el terrible dolor del juicio, intenta exonerarse como puede. Incluso el cuerpo y el alma, pese a estar totalmente unidos en vida, se culpan uno al otro en ese momento de terror. *Véase* el Talmud, *Sanhedrín* 91b).

Después se llamará al marido. Se le mostrarán las coronas estropeadas por su comportamiento conjunto. Y ellos temblarán. La acusación le preguntará: «¿Es cierto que recitaste esas bendiciones en su presencia aunque ella estaba inmodestamente vestida, manchando el honor del Rey y Su corona?»

El marido intentará defenderse: «Sí, Su Honor, pero no soy culpable principal. Fue culpa de mi esposa por sentarse frente a mí con el cabello, los brazos o el pecho expuestos mientras yo recitaba. Incluso le advertí que eso no era apropiado, pero ella no me quiso escuchar».

Los ángeles responderán: «Si estuvieras realmente preocupado por el honor del Rey te hubieras ido a otra parte o te hubieses dado vuelta. Por lo tanto ambos seréis castigados. En lugar del honor que hubieseis recibido si hubieseis servido lealmente a El Eterno, recibiréis ahora una doble medida de desgracia».

La pareja será entonces asida por ángeles que los arrastrarán al *Gehenom* donde sufrirán terribles torturas. (El Tratado *Gehenom* explica que una persona es castigada en el miembro con el que ha transgredido).

La mujer llorará amargamente y se quejará: «Tú tienes la culpa de todos mis sufrimientos» ¿No sabías cuando estabas en la Tierra que se harían coronas de tus bendiciones y palabras de la Torá? Deberías haberte asegurado que no se estropeasen. Deberías haberme dicho, haberme advertido una y otra vez del terrible castigo que nos espera. Eso nos hubiera beneficiado a ambos. Ahora mira lo que has provocado con tu descuido. Tu me has causado este sufrimiento. «¡Ay de mí!» ¿Cuál será el fin de todo esto?»

El marido le replicará: «Ay de ti, efectivamente. Tú has provocado todo esto. ¿Realmente crees que tienes razón? ¿Cuántas veces te dije que estaba prohibido? Tú misma deberías haberte cuidado de exponer tus brazos y cabellos. Pero querías impresionar a tus perversas amigas que ahora seguramente te das cuenta que terminarán sufriendo terribles aflicciones un día. 'Y es por eso que has caído en el pozo y me has arrastrado contigo'».

«Qué los sabios presten atención» Debes amonestar constantemente a tu esposa y hacerle saber cuán serio es el asunto. Comprobar si ella entiende que al final ella clamará «"¡Ay de mí!"» Si el marido continúa hablando con su esposa de esta forma, eventualmente sus palabras tendrán el efecto deseado y él será salvado en el Día del Juicio.

(GUEDER OLAM, CAP. 6)

92. CUANDO EL REY Y SU SÉQUITO LLEGAN A UNA ALDEA

He aquí un pensamiento que debería proporcionarle a uno inspiración y deseo de cumplir los preceptos de la Torá. Hay un pasaje en el Talmud, al final del tratado de *Makot*, que narra cómo el rey David y varios de los profetas resumieron los principios de la Torá:

Llegó (el rey) David y los redujo a once, como está escrito: «El Eterno ¿quién habitará en Tu tabernáculo? ¿Quién morará en Tu monte santo?...» (*Salmos* 15:1).

Llegó el profeta Miqueas y los redujo a tres, etc. Llegó el profeta Habacuc y los redujo a uno, como está escrito: «mas el justo por su fe vivirá» (*Habacuc* 2:4).

La intención no es reducir el número de preceptos, el Cielo lo prohiba. Dice explícitamente en la Torá: «no añadirás a ello ni de ello quitarás» (*Deuteronomio* 13:1). Otro versículo determina claramente que debemos cumplir todos los preceptos: «Las cosas secretas pertenecen a El Eterno, nuestro Dios, mas las reveladas son para nosotros y para nuestros hijos para siempre, para que cumplamos todas las palabras de esta Torá» (*ibid.* 29:28). Hay muchos otros versículos que expresan este tipo de pensamientos.

Ya que cada uno de estos sabios vio que su generación era incapaz de aplicarse a la realización de todas los preceptos, le aconsejaron que se concentrase en esos principios esenciales. Con el transcurso del tiempo esto los llevaría gradualmente a cumplir con todos los preceptos. Esto se puede comparar a un hombre que es arrastrado por la corriente de un río turbulento y de pronto ve un árbol a un costado. Se aferra de una de las ramas para no ahogarse, lentamente va saliendo del río hasta ser capaz de aferrarse al tronco. Cuando ya está firmemente agarrado al tronco, puede comenzar a gritar pidiendo ayuda.

Del mismo modo, el profeta Habacuc aconseja que comencemos por aferrarnos al principio de la «fe», es decir la creencia que la Torá es la palabra de El Eterno (porque si ese careciera de ella, el profeta no lo denominaría «el justo»). Esto lo conduciría a adherirse a toda la Torá, porque la mera reflexión acerca del significado primario de los versículos, lo llenaría de temor. (Esto es para repudiar a quienes proclaman que creen en la Torá pero son muy indolentes en el cumplimiento de los preceptos y no muestran amor a la Torá cuando envían a sus niños a colegios seculares).

Esto lo podemos entender mediante una analogía:

Había una vez un gran rey famoso por su sabiduría: no había otro como él en el mundo. Un día reunió a los generales de más rango y a gobernadores de las provincias, junto con decenas de miles de sus soldados mejor entrenados y viajó a una pequeña aldea en una de las provincias de las muchas que gobernaba. Una vez allí, reunió a todos los habitantes de la aldea en la plaza principal y les habló largo y tendido acerca de determinado asunto.

Rumores acerca de este peculiar evento se corrieron por todo el reino. En todas las provincias, los súbditos del rey comenzaron a especular acerca de las razones que llevaron al rey a esa pequeña aldea. Ya que conocían la gran sabiduría del rey y vieron el imponente séquito que trajo consigo, incluso sin saber de qué se trataba les estaba claro que se trataba de un asunto de gran importancia.

Si esto es cierto en lo que respecta a un rey humano ¿cuántas miles de veces más es cierto respecto al Rey del universo? La Torá enuncia explícitamente que El Eterno bajó al monte Sinaí frente a la mirada de todo el pueblo. No era ningún honor para Él dejar Su santa morada sobre el séptimo Cielo para revelarse en este bajo mundo físico (que es como una semilla de mostaza, incluso en comparación con el resto del universo físico). El Midrash enumera diez «descensos» (es decir incidentes en los que alguien decidió descender de una posición elevada), uno de los cuales es el descenso de Dios al monte Sinaí.

El Eterno ordenó que la nación entera se reuniese para escuchar Sus palabras, como está escrito: «Cuando El Eterno me dijo: 'Reúneme el pueblo, para que Yo les haga oír Mis palabras'» (*Deuteronomio* 4:10). Cuando Él apareció ante ellos, El trajo decenas de miles de ángeles oficiantes, junto con la misma Torá: «El Eterno vino de Sinaí...y Él vino entre diez millares de sagradas criaturas. Con la ley de fuego en Su mano derecha» (*ibid.* 33:2). (Esto es una referencia a los Diez Mandamientos que, como nos enseñan nuestros Sabios, comprenden la Torá entera).

En Salmos (68:18) leemos: «Los carros de Dios se cuentan por veintenas de millares de millares, El Eterno viene del Sinaí a su santuario». El Eterno Les habla cara a cara, como nos dice la Torá: «Cara a cara habló El Eterno con vosotros» (*Deuteronomio* 5:4). El los insta a guardar la Torá como se relata en los pasajes bíblicos.

El Eterno hizo todas estas cosas por Su gran amor a los patriarcas, como está escrito: «He aquí, de El Eterno tu Dios son los Cielos y los Cielos de los cielos, la Tierra y todas las cosas que hay en ella. Solamente de tus padres Se agradó El Eterno para amarlos y eligió su descendencia después de ellos, a vosotros entre todos los pueblos...» (*íbid.* 10:15).

La Torá nos dice que todo es en nuestro beneficio: «Y nos mandó El Eterno que cumplamos todos estos estatutos para que nos vaya bien todos los días» (*íbid.* 6:24). (Tanto si los cumplimos como si no lo hacemos no afecta en nada a Dios, como Job lo dice: «Si fueres justo ¿qué le darás a El?, si pecares ¿que habrás logrado contra Él?» (*Job* 35:6).

Si uno piensa en todo lo antedicho, se dará cuenta que El Eterno Se ha molestado, en Su inmensa gloria, a bajar a nuestro abyecto mundo a hablarnos y entregarnos personalmente Su Torá. «¡Qué obligación tenemos, entonces, de humillarnos ante Él!» «¡Con qué felicidad deberíamos aceptar su Torá y cumplir todo lo que está escrito en ella!».

Pero en cambio vemos que la gente hace exactamente lo contrario. No solamente ellos mismos se olvidan de su obligación de estudiar Torá, sino que al no proporcionar a sus niños una educación adecuada los apartan a ellos también. «¡Qué insulto es éste para la Torá!».

Lo podemos comparar a un rey que decide dar a su sirviente una medalla de honor con gemas engarzadas. Si el sirviente rechazara el honor, o lo aceptara pero se negara a usar la medalla «¡qué insulto sería éste para el soberano!» Si el rey se enterase de esta ofensa, seguramente lo consideraría un rebelde.

Lo mismo es aplicable a la Torá. Ante todo nos fue dada por el Santo, Bendito Sea, por Él Mismo. Además la Torá es más preciosa que las perlas por derecho propio. Quienes apartan a sus niños de ella demuestran que carecen de fe.

A todo esto se alude en esta frase del *Tratado de Padres*:

Rabi Iehoshua ben Levi dijo: «Cada día una voz Celestial llega del monte Jorev proclamando: '¡Ay de la humanidad por la desgracia de la Torá'!»

Los comentaristas han discutido exhaustivamente cómo se escucha esa «voz». En mi opinión esa «voz Celestial» se refiere a una voz realmente pavorosa. El Eterno Mismo descendió sobre el monte Jorev (otro nombre para Sinaí), habló con nosotros y nos dio la Torá. Cuando descuidamos aceptarla con alegría y observarla, es como si una voz terrible proclamara: «¡Ay de vosotros por la desgracia de la Torá!»

La verdad es que todo lo que hemos dicho está explícitamente enunciado en la misma Torá cuando Moisés exhortó a la nación:

«Por tanto guárdate, y guarda tu alma con diligencia para que no te olvides de las cosas que tus ojos han visto, ni se aparten de tu corazón todos los días de tu vida, antes bien, le enseñarás a tus hijos y a los hijos de tus hijos acerca del día que estuviste delante de El Eterno, tu Dios en Jorev, cuando El Eterno me dijo: 'Reúneme el pueblo, para que Yo les haga oír Mis palabras'» (*Deuteronomio* 4:9-10).

Notad que el versículo dice: «guarda tu alma con diligencia para que no te olvides... todos los días de tu vida». De esto surge claramente que la fe en la Torá es el principio fundamental en el servicio adecuado a El Eterno.

Esto es lo que significa la siguiente frase del Talmud: «Habacuc llegó y los redujo a uno». Es decir: la fe en la Torá. Si la fe está presente, con el transcurso del tiempo uno logrará cumplir con toda la Torá.

(JOMAT HADAT, CAP. 12)

SOBRE EL AUTOR

RABÍ ISRAEL MEIR HAKOHEN de Radín –el Jafetz Jaim– (1838-1933), fue uno de los más grandes sabios de la Europa Oriental a fines del siglo XIX y a comienzos del siglo XX. Nació en Zhytel (Rusia Blanca) y estudió en las Ieshivot de Vilna, Lituania. A los dieciocho años se mudó a Radín, próxima a Vilna, y durante muchos años vivió pobremente de lo que le daba su pequeño almacén. Pese a sus grandes conocimientos de la Torá se negó a aceptar el sitial rabínico. Con el correr de los años fundó una Gran Ieshivá en su ciudad, que se hizo muy famosa. En 1873 vio la luz su obra *Jafetz Jaim*, sobre la prohibición de chismerío, la que le dio su nombre inmortal. Como complemento, escribió *Shmirat Halashón*, libro sobre normas del cuidado del habla. Además fue el autor de la gran obra legal *Mishná Brurá*, una obra que se ha convertido en guía en cientos de miles de hogares judíos. Otras de sus obras más conocidas fueron *Likutei Halajot*, sobre el Templo y los sacrificios, *Ahavat Jesed*, sobre las leyes de beneficencia, y *Majané Israel*, un manual de leyes para soldados judíos en ejércitos gentiles.

TABLA DE EQUIVALENCIA
DE LIBROS BÍBLICOS

Génesis	*Bereshit*
Éxodo	*Shemot*
Levítico	*Vaikrá*
Números	*Bamidbar*
Deuteronomio	*Devarim*
Josué	*Ieoshúa*
Jueces	*Shoftim*
Samuel	*Shmuel*
Reyes	*Melajim*
Isaías	*Ishaiahu*
Jeremías	*rmiahu*
Ezequiel	*Iejezquel*
Oseas	*Hoshea*
Joel	*Ioel*
Amós	*Amós*
Abdías	*Ovadiá*
Jonás	*Ioná*

Miqueas	*Mijá*
Nahúm	*Najúm*
Habacuc	*Jabakuk*
Sofonías	*Tzfaniá*
Hageo	*Jagai*
Zacarías	*Zejariá*
Malaquías	*Malají*
Salmos	*Tehilim*
Proverbios	*Mishlei*
Job	*Iov*
Cantar de los Cantares	*Shir Hashirim*
Rut	*Rut*
Lamentaciones	*Eijá*
Eclesiastés	*Kohelet*
Ester	*Ester*
Daniel	*Daniel*
Esdras	*Ezrá*
Nehemías	*Nejemiá*
Crónicas	*Divrei Haiamim*

ÍNDICE

Dedicatoria 7
Introducción 9

I. Inventario 13

  1. Un día en la tesorería del rey 13
  2. Examinando nuestros haberes 16
  3. El hijo que perdió su dote en malas inversiones . 19
  4. Bienes preciosos se guardan en las habitaciones
     interiores 23
  5. Eligiendo la ruta más segura 25
  6. Midiendo la eternidad 26
  7. La libreta del tendero 29
  8. La antesala y la mansión 32
  9. Visita a la feria 34
 10. Viajar muy lejos por un cigarrillo 36
 11. Plantando grano en un campo extenso 38
 12. Un momento perdido en la feria 40
 13. El rey disfrazado 43
 14. El préstamo no usado 46
 15. La billetera vacía 48
 16. Un trabajo temporario y un puesto permanente . 50
 17. El reloj del novio huérfano 52
 18. La princesa que se casó con un campesino 55
 19. Cuándo vestir las mejores galas 58
 20. Tiempo de fuego 60
 21. El error del rebelde 62
 22. La defensa del rebelde 64

23. El borracho que se volvió sobrio 65
24. El temor a los funcionarios del rey 66
25. Las lágrimas del mutilado 69
26. Dos socios 70
27. Perlas en la costa 74
28. El invitado que se quedó con la cuenta 77
29. El agente que despilfarró el dinero de sus patrones .. 78
30. El viaje desperdiciado 80
31. Uno daría cualquier cosa para salvar su vida 83
32. Los palacios del rey 84
33. El margen de ganancia
    en una mercancía valiosa 88

II. Estudio de la Torá 91

34. El hijo mudo del hombre rico 91
35. Los libros dañados 92
36. El pobre en la feria 99
37. «Porque la sangre es el alma» 102
38. El hombre que regresó a la Tierra 105
39. Quitándose las vestimentas del rey 106
40. La urna agujereada 108
41. La diferencia de percepción entre el rico y el pobre . 110
42. El pobre y la joya 111
43. La fiebre del oro 112
44. El valor de un minuto en la feria 114
45. El ciego en la ruta peligrosa 116
46. Evitar la ruta más fácil 118
47. Repartir el botín 122
48. El pedido del pobre es distinto al pedido del rico . 124
49. La búsqueda del tesoro 127
50. Los campesinos y la corona del rey 131
51. El huésped de invierno 133
52. Alojamiento para dignatarios visitantes 136
53. Un discípulo es como un hijo 138

54. Recogiendo la recompensa 140
55. El príncipe en el depósito de carbón 141
56. ¿Dónde ubicar los utensilios de cocina? 143
57. Tratamiento de un paciente de emergencia 145
58. Los últimos días con el padre 150
59. El hijo del noble y la tierra de las gemas 152
60. Un equipo caro no debe dejarse sin uso 159
61. Saber, poder y riquezas 160

III. SERVIR A EL ETERNO 165

62. Ganarse la existencia 165
63. Sin herencia 166
64. Revisando los libros de cuentas 169
65. El valor de un billete 172
66. Los riesgos del campo de batalla 174
67. Ebrio estupor 175
68. El ministro que se convirtió
     en limpiador de cloacas 177
69. El rico que no podía encontrar trabajo 178
70. Un cubo de agua fría 182
71. Leer las instrucciones sin practicarlas 184
72. Pulir la mercadería 185
73. El dolor de la partida 187
74. La mordedura de la serpiente 189
75. Billetes falsos 191

IV. RECOMPENSA Y CASTIGO 195

76. El aprendiz del artesano 195
77. El hombre que comió su propia carne 196
78. Honorarios por un trabajo interrumpido 199
79. El falsificador y su mujer 202
80. Cómo saber si se ha quemado la casa 205

81. El mercader que regresó después de muchos años . 206
82. El festín de los campesinos antes de la boda 211
83. El ministro que fue colgado 213
84. El carro que va en dirección equivocada 214
85. El aristócrata en el exilio 217
86. El ladrón que arrancó el vergel de cuajo 221
87. No hay consuelo para los condenados 224
88. La mercadería más preciosa 225
89. El pobre que ganó la lotería 227
90. El futuro yerno del rico 231
91. El mercader de gemas y las joyas falsas 234
92. Cuando el rey y su séquito llegan a una aldea ... 241

Sobre el autor 247
Tabla de equivalencia de libros bíblicos 249